数独游戏大全
从入门到精通

邢声远 ◎ 主编

基础

中国纺织出版社
国家一级出版社
全国百佳图书出版单位

目 录

第二部分 数独游戏规则、解题方法与谜题（续）

十一 九字 (9×9) 常规数独 (NO.629~NO.728) ……………………… 1

十二 九字 (9×9) 对角线数独 (NO.729~NO.828) …………………… 24

十三 九字 (9×9) 折断对角线数独 (NO.829~NO.932) ……………… 43

十四 九字 (9×9) "王"字数独 (NO.933~NO.1030) ………………… 64

十五 九字 (9×9) 中心对称互补数独 (NO.1031~NO.1130) ………… 85

十六 九字 (9×9) 异形数独 (NO.1131~NO.1190) …………………… 105

NO.629～NO.1190 参考答案 ……………………………………………… 119

第二部分

数独游戏规则、解题方法与谜题（续）

十一

九宫（9×9）常规数独

（NO.629~NO.728）

九字（9×9）常规数独的规则和解题方法

  1. (9×9) 常规数独的规则

（1）每行 9 个小方格中的数字，1～9 不重复（图 11-1）；

（2）每列 9 个小方格中的数字，1～9 不重复（图 11-1）；

（3）9 个 3×3 的九宫格中的数字，1～9 不重复（图 11-1）；

如图 11-1 所示每行、每列 9 个小方格和九宫格中的数字 1～9 不重复。

6	9	8	7	2	5	1	4	3
4	7	1	6	8	3	5	2	9
5	2	3	1	4	9	8	7	6
9	5	2	8	3	4	6	1	7
1	3	4	9	7	6	2	8	5
8	6	7	5	1	2	3	9	4
3	4	6	2	9	8	7	5	1
7	8	5	4	6	1	9	3	2
2	1	9	3	5	7	4	6	8

图 11-1　每行、每列 9 个小方格和九宫格中的数字 1～9 不重复

  2. 解题方法

根据数独游戏的规则，在每行、每列和每个九宫格中的数字 1～9 只能在该行、该列和该九宫格中出现 1 次，也就是任何一个小方格中的数字都不可能再出现在与其相关的 20 个小方格中。如图 11-3 中，第 5 行列相交的小方格中的数字"5"不可能再出现在与其相关 20 个方格中已有的数字，由此可以推断，这个空格中的数字只能是 5。

解数独谜题的最有效的最快捷的方法是逻辑推理和排除法。除此外，没有其他更好的方法，仅靠猜测是无济于事的，往往会进入死胡同。排除法可分为"数找格"

第二部分 数独游戏规则、解题方法与谜题（续）

和"格找数"两种，每种又有显性（明显、易找）和隐性（不易找）之分。现介绍如下。

（1）数找格——自找出路

①显性"数找格"：这是最常用的方法。如图11-2所示，为了叙述方便，将九宫格分为上左、上中、上右、中左、中中、中右、下左、下中和下右9个九宫格。根据数独的性质，由上左、上中九宫格中的2可知，在上右九宫格中，2位于中间一行；同时，由中右和下右九宫格的2，可知2应位于上右九宫格的中央格，即上右九宫格中的中间一行与中间一列相交的小方格就是2所在的位置，这是"显性数找格"。

图 11-2 "数找格"的解题方法

②隐性"数找格"：如何在图11-2中找出下左九宫格中数字2的位置？

在下左九宫格中已有数字1和9，在第二列中有数字3、5、7，在第九行中有数字4、6、8。数字2的位置必须要保证它所在的行、列及九宫格中没有出现过"2"的数字，由于中左九宫格的中间一列及下中九宫格下边一行中数字已满，而且没有2，所以2只能位于第九行与第二列相交的小方格中。

3

（2）格找数——9 缺 1

显性

							6	
	4			2		8	5	
								9
1		7						
3		9					3	
5		4					7	
			2	4	6			
	9						1	
			8	9	1			

隐性

图 11-3 “格找数”的解题方法

①显性“格找数”：如图 11-3 所示，试找出第二行与第八列相交的小方格中应填的数字。

在第二行中有 4、2、8，在第八列中有 6、3、7、1，在上右九宫格中有 6、8、9，将这三组数字放在一起进行排列，发现在 1 ~ 9 中缺 5，所以在上右九宫格的中央格（第二行与第八列相交的小方格）数字应是 5。

②隐性“格找数”：在图 11-3 中，试找出下左九宫格的中央格中应填的数字。

先看第八行，在下中九宫格中，该行上下两行的数字是 2、4、6、8、9、1，那么第八行上的数字除了已有的 1 外，还有 3、5、7（下中九宫格中间一行）3 个数字，同理，在第二列中，还有 2、6、8（中左九宫格中间一列）3 个数字。这样，在下左九宫格的中央格（第八行与第二列相交的小方格）中的数字应是 9。

为了帮助读者熟悉普通数独的玩法，以下试举几例加以说明。

例 1

在图 11-4 中，第五行与第五列相交的方格中应填“7”（每行 1 ~ 9 不重复）；在第二行与第六列相交的方格中应填“3”（每列 1 ~ 9 不重复）；在图 11-5 中，上中九宫格中的空格（第二行与第四列相交的小方格）中应填数字为“6”（九宫格中 1 ~ 9 不重复）。

					5			
					③			
					9			
					4			
1	3	4	9	⑦	6	2	8	5
					2			
					8			
					1			
					7			

图 11-4 每行、每列的数字 1 ~ 9 不重复

			7	2	5			
			⑥	8	3			
			1	4	9			

图 11-5 9 个 3 × 3 的九宫格中的数字 1 ~ 9 不重复

例 2

如图 11-6 所示，在 1 ~ 3 行中，第二行与第五列相交的小方格中应填什么数字？

在上右九宫格中，第一行有 4，在上左九宫格中，第三行有 4，那么 4 只能出现在第二行及上中九宫格中，由于该行中已有 6 和 1 占据两个小方格，所以在第二行与第五列相交的小方格中应填数字 4。

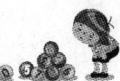

例3

	5	6				4	1	3
	8		6	④	1			
	9	4						6
				2	8			4
		⑧						
							8	2
8						7	9	
		1				6		⑧
								5

图 11-6 "格找数"示例

如图 11-6 所示，在第 4 ~ 6 行中，如何确定第五行与第三列相交的小方格中的数字？

先看第四行与第六行中都有 2、8 两个数字，那么，在第五行与第三列相交的方格中有可能是 2 或 8，但在第一、二列中都有 8，所以所求的方格中的数字肯定是 8 而不应该是 2。

例4

如图 11-6 所示，如何确定第八行与第九列相交的方格中应填什么数字？

首先，将第八行的数 1、6，第九列数字 3、4、2、5 与下右九宫格中的数字 5、6、7、9 排列在一起，发现其中缺少"8"，故该方格中只能填 8。

第二部分 数独游戏规则、解题方法与谜题（续）

NO. 629

	6	5	1	7	9			
			4		9			
8			6			1		5
	3	4					1	6
	2	1	5	6			8	
		5				7	2	
2		9			1			4
		3		8				
1		6	4	5				

NO. 630

8	3		6	9	5		1	7
5			4			2		
				7	3			
	4			2			9	5
9		3	7					
	8				1			4
	5	7	1		9		4	2
						5		6
	2			8			9	1

NO. 631

		9				1		
				1	9	7	5	
7			3					
				6	4	3	9	
	4		1			2		
6	2	8	9					
					4			6
8	7	5						
	1			3		7		

NO. 632

		1		3	2			7
	8		7	5				
9	5				1		8	3
1		6	2				4	
	9			8				6
	4				9	1		
3	7		5			4	6	8
						7		2
		4	6					

NO. 633

8			1					7
	4		8	7		3		2
3			2		4	6		9
1				6		2		
	7						4	
		9	4		1	7		5
4		3	9		8	5		
6		8		3	7			
7					2	9		8

NO. 634

	9		3	7	4		5	
1	4	7			6	9	3	8
3				4	9	8		7
		4				5		
6		9	8	5				4
	8			5				
	2	5	4			6		9
	3		6	8			2	

7

NO. 635

5	4			1			8	
	9			8	2		4	
			7		9	2	5	6
	1	4	6		7			2
			4		3	1		8
6		3						5
2				3	4			
	5	7		6		8		3
1	3				5		9	

NO. 636

			7			4		3
	7			1			5	
2	9	3	5	6				8
7	5					8		1
3	4	9	1			6		7
					3		4	
	2	1	8	5			9	
		6	4				1	
		7		9		2		4

NO. 637

	9	5	1					2
8			3			4	7	
4				2		1		3
		4		3		9		
	5			1	9		3	
	3		4	6	2	7		
7		1		8			6	9
	2			5	7	8		
	6	8		4		3		

NO. 638

2		8		4	7	9	6	1
		6	3				7	
1			6			8		
4		3	9		6			2
		2				7		
	9	7		5			1	
6		1	7	9				3
7		4					9	
3				8	4	6		

NO. 639

	4		6		5			2
								8
	3			8		7	4	5
6		2	8		3	1	5	7
5								3
3		8		2		7	9	
		5		6		8		
9		6					3	1
8				9			2	

NO. 640

1				2		7		
	4			8		9	3	
			6				5	
	5	1		7			9	
3				5	6			1
		9			8		2	
7	2			5				
9							7	
		8		6	7			4

8

第二部分 数独游戏规则、解题方法与谜题（续）

NO. 641

	8	3	5	1				
7				2				
			9	7	8			6
3	7	1	6	4				
	6				1	5	4	
4				8	3			
		9	7	5		2		
9	7	2				3		
8			4					

NO. 642

	5			8	1	4		9
						1		6
1		3				8		2
	9			3				
	1		2		9			4
	2			5		6		1
		4				9		
2		9			4			7
		6	1	9				3

NO. 643

6			3		5			
		1	6					7
9				2	8			4
	8	3		9			2	
			2		5	8		
	4				1	9		
3			8	5				9
7					4	3		
		9		7				1

NO. 644

2		9	3			4	1	6
	5		4	7		3		
			8	1			9	
	6	2	9			5		7
			3		5			
		7			8		9	3
		6			7	1		
			5		9	3		
3	9				1	7	5	2

NO. 645

	4					9	1	
8		2	1	3	7		5	
	3		9			2		
3		5			9	7		4
	7		3		1			
	1		4		5		2	
				2		4		
			6	1	5	9		7
6	2					8		

NO. 646

1		5						
4		5	7		1		3	2
2				4	1			8
				7				
			4		5	6		
	4		3		8		2	7
7			1	5	3			9
			8			3		5
			6					

9

NO. 647

	3	4			1			
		3		5	2	9		
	9		2		3			
						6	3	
			4	6		8	2	
8	2		7		3			
6		5	2		4			
	1				8			
		2	8		1			4

NO. 648

		3	9	4				7
8							4	
		6		5			2	
					1		8	
		9		7	3	4		6
	7	1				9	3		4
	4				2			
	1							5
3				6	1	7		2

NO. 649

8		7	1		5			9
		1	9	7			2	
		9	5		4			
	4			8		6	5	
5		6		2		3		
7	8		4			1		
		4			6		8	
	1		8	3	9	2		
2				5				3

NO. 650

	9	2	6	4				3
	4		3					9
8				7		4	1	
	7	8	5	3				4
	5							
6			2		4	8	3	
4	3		1					7
7					6		1	
9				2	3	4		

NO. 651

		1		9	5		6	
	5	6	8	1		3		
9	7							
5			7		9			
	2			4			6	
6	9				2		5	
		7		1	6	9	8	
			2					
3		6		9		4	2	

NO. 652

8		1	3			7		
		2		8			4	
			4		6		1	
7	3			6	9	2		
6		8	9		4			
1			5	2				6
			5		7			
		7	8		5			
5	8	6		2	4			

第二部分 数独游戏规则、解题方法与谜题（续）

NO.653

2		5		8		1		4
	3		1		5			8
				3				
		1	8			7		6
	8			5			4	
		6			1	5		
			4					5
5			9		6	8	7	
1		8		7				2

NO.654

					1	7		
3	4		8		2			9
	9	2			4		1	8
1	8	3	5		9	2		
		2		7		8	1	3	6
8	1		2				6	
6				9		7	8	2	3
		7	4					

NO.655

	6			2		1		
			4	7	3			
9		7	3				2	5
2				7		6		1
	7	3		2		9	5	
6		9		1				8
8	5				4			6
			2	8		4		
		3		6		7		

NO.656

9		7	6	4		5		
			3		9		4	
4	6			1			3	
6		9	3			7		5
5					7			4
		3		4		1	8	6
		5						2
2		4	1	3	5		6	8
		9		8		5		

NO.657

3	5				6	8		
8		4	1	3		2	7	
	7		2					
		9	8	5	2		3	
7		5		1	6			8
6				7				5
					1		7	
	1	3		5		8	6	
	9		6		1		4	

NO.658

3		2	9		1		8	
	9					3	7	
			7		3			9
			1	4			3	
7	8						1	6
	5			8	2			
8			3					
	1	7		9			8	
		9			6	7		4

11

NO. 659

5	9	8	6					1
		3		9	1	6	8	2
			3					
		5		8		1		
		9		6		5		
6		2			5	8	4	
				4				
4	6	1	7			2	9	
8					6		3	5

NO. 660

3				8				6
2					3		1	7
6		9	7		2	4		
	3			6	9	1		
			8		5			4
1		4	2	3		9		
		1	5			6		9
	2		9					1
9				4				5

NO. 661

6	7				4			
4				1	8		5	9
			7		5	2		6
	4	3				6		2
9	1			8	3	5		
			9		4			1
3	6	1			9			5
	2	8	4	3				7
					6			3

NO. 662

		6	9		3		8	1
3	2	4				5	9	
		9			5			
		8	5			9	2	
		6			3			5
5	7	2	6			8		
6	1				8	2	5	
		5	3	1	4			
	4	7		6			1	3

NO. 663

6	9			1	8	2		
		3	9			4		
5	8	4		7	3	1		
		6	9		1	3		
2		5		3				
		7	8					5
3		2	5					4
				1				
9	7		6	4		2	5	

NO. 664

	6				9	3		1
5		2	3		1			
	7				8		5	
	2	3			5	6	4	
			1					
7		9			6	5		2
9		6		1		2	7	8
			9		3			
8		5		7		1		3

第二部分 数独游戏规则、解题方法与谜题（续）

NO. 665

	5	1	2	7	6		9	
3	7							
4				1				
7					3	8		9
9			8	4				5
5	3	8				7	2	
			5		9	7	4	6
		5		8	1	9		
						1		

NO. 666

			1		7			
2		5		3		9		7
1		4		9		8	3	2
5		8	7					
	3			4	2		5	
	4				1	7		9
3		1			4	5		8
	8				5		6	
			9		3			

NO. 667

	4		3		1	7		9
5		8	7	6				
	3				2		5	
	8			5		6	3	
		9						
3	2	1		4	5		8	
1		4		9		8		2
		3	1		7		4	
2		5		3		9		7

NO. 668

4	7	1		9		2		8
			7		1			
5		2		3		7		9
		4		1		9		7
8		5				7		2
		3		2	4		5	
	8	9	5				6	
			3		9			
1		3		7			8	5

NO. 669

	8	7		5		6		
		9		3				
3	2	1		4	5		8	
1		4		9		8		2
8			1		7		4	
2		5		3		9	7	
	4			1	7			9
5		8	7	6		3		
	3				2	5		

NO. 670

		5		1			9	8
6	9	7	2		8			
	2			4		6		5
		2	8		4	5		
5	4							
		8		7			3	2
3		9			5		4	
						1	7	6
1		4	7		2			3

13

NO. 671

9		8			4	5		
			2		8	6		7
6		5		4			2	
5			8		4			2
					5			6
	3	2		7				8
2	4					3		9
7	6				1			
		3	7		2	1		4

NO. 672

9	8							5
	4		2	8		6	7	
6	5				4			2
5			8	4	1		2	
						5		
	2	3			7		8	
		4				3	9	
7		6		1				
	3		7	2	9	1	4	

NO. 673

			2	8		6	7	
6	5			4				2
9	8		1					5
				5				
	2	3		7		8		
	5		9	8	4		2	
7		6		1				
	3		7	2		1	4	
		4			3	9		

NO. 674

	2				5	6	4	
			1					
7	8	9			6	5		2
		6			9	3		1
5		2	3					
	7				8		5	
9		6	5	1		2		8
			9		3			
8		5		7		1		3

NO. 675

8		5		7		1		3
2			9		3			
9		6		1		2		8
	7			6	8		5	
5		2	3		7			
	6				9	3		1
7		9			6	5		2
			1					
1	2				5		4	

NO. 676

							9	1
		6			8		3	5
		3		1	5	4		8
2			9			8		
		7				8		3
		1				5		2
4		7	8					
3	5					6		
6			5	4	3			

第二部分 数独游戏规则、解题方法与谜题（续）

NO. 677

			3					
	1	6	9				3	
		3		1		6	2	
								8
		7	8		4			
	8		5	4		2		7
7		9	6					
	3		2	7		8	6	4
		8			4			1

NO. 678

		3	4	7			2	8
6								
4	7			1	2			6
		8		3	9			2
			2		4		3	
	3	4		5				
3						8	9	4
5	6	9	7					3
								7

NO. 679

6	9		8	3		5		
8		3			4		9	
				2				3
	5	6						4
	4		6		7			
7				5		3	1	
		5	3		6	8	1	
1		8		7	9		4	
9						6		

NO. 680

1		7	6	9			4	
						9	1	
	6		3	8				7
		9	4					
					7		2	8
5		6		1		7		
			1	4		6	7	
				8				
7		5	2		6		8	

NO. 681

	5		6	9	7		4	
				5	9			
		7	2		4			8
	2		7		6	1	8	3
7		1				4	5	
		3		1		8		7
		6		9				
4				8		7		
3		8	5	2				

NO. 682

			9		6			
		2			5	1		9
6	4			1	3	5		
7		8				6		
							8	5
2	6	5				9	4	
			4	8		7		
1		6		9	7		2	
	5				2	8		

15

NO. 683

7				5		4		2
2	8		3		1			
					9	1		8
9	2	7				5	1	
		3				8		6
			9	1				5
8				7				
5		1			2	3	9	

NO. 684

		1		2	4		8	7
8	4						6	
5		6	1			3		
	8	5			1	9		
			3	2				5
	3				6		1	8
		4				9	3	1
9	5				1		2	
	2		9	6				

NO. 685

2			3	1		6		
				5	1		8	
6		3						
	2			8	6			
			4	5		6		
7			9		3	4		
		9					5	
				4				3
4	3	8	5	7		9		

NO. 686

		5		7				
	6		3		4			1
7				1		5		
4	1					7	3	
9						6	2	8
8								
	9		8	6				
	1	5				2	9	
2					7			6

NO. 687

9		6	1		3			
	8							
	3		8		6		9	4
			3	9		1		
5	4			1				
3						8		2
6			2		5	7		
	2			5			8	
8			9		2			1

NO. 688

2	8		3		1			
	5	4					6	
						4		
9		7			6	5		
	3	5				7	8	2
	6		2	3		9		
8							4	1
				8	6		9	
	7							5

第二部分 数独游戏规则、解题方法与谜题（续）

NO. 689

	5	9	1		7		6	2
8		1			9		4	5
	6	7		8	2			
	4			5	3	1	9	
6			8				2	
	9	3	4		5			
7	1			3		6		9
		2			5		8	
	8		9		4			7

NO. 690

	3		5	1	2		6	
	8	1				4		5
5		7		6	9			8
	6	9				1	5	3
3	7	5			6	8	4	
				8				
4	6	1		3	5	2	9	
3	2		4					
						7	6	

NO. 691

4	8		5	6				3
			4		8			
3	6			1		5	7	
9	2		4	8				1
7					8			
		3		7	2	6		9
		4	6		3		9	
	7	9	2		5		4	
1					2			5

NO. 692

					6			
8	2			9			5	
9		1				7	6	3
		4			7	8		
	9		8		1	5		
6			2	3				7
	6							9
1			2	8	3	4		
2	5						1	

NO. 693

4	1			8	5			
6			5		7			1
	5		3				4	7
	7		6		1			8
	8			2		6		
2	4			5	9		3	
3		8	9		6		7	4
			1		8			
	9	4	7				5	6

NO. 694

5	8	2			3		6	
				8			5	
3			7	4			2	1
4		6	5	7	8			3
7				9		2	4	8
	9	1						
	1			3		5		6
2	3	8	6		9	7		4
					1			

17

NO. 695

4				7				
	8	9	7		5	2	3	
6			3		2	1	4	8
	1	6	2		3			4
	5			6				
	4		1				9	2
5	2	8	4			9	6	
7								
3		1	8	7	9			5

NO. 696

							6	1
					3		7	
8	3		2					
		4	5		6		2	8
						9	2	1
1		9						4
	8			4		2		
	6					8	3	
		1		3				9

NO. 697

	6		1		3	9		5
				8				
1		9	5		2		7	
3			6		8			7
	9							1
8	7	4						
					5	3	2	
7						8		
4			2		1			9

NO. 698

	1			2	9	5		
		7				4		
		9	7	8			6	
		6		9				
			2		3			4
9			8	5				7
3				1	6			2
5			3		8			
					7		1	

NO. 699

			8	6		1		
3	4					6	5	
	1		5	3				
	3		4					
		8				7		
7	5		1		3			
		3		8		2	7	
	6				1			
			7		5			

NO. 700

	8					3	5	
4				3	9			
9	6					7	8	
			9		5	4		
	5			7			9	
								1
6	1		5					
					4	8		1
7	3						4	2

第二部分 数独游戏规则、解题方法与谜题（续）

NO. 701

8			4				2	
6		8					3	
		1	3		9			
						1	6	
		3			7			
3	8			2				
		4	6		5	8	2	
		2	9					1
	1	9			4			

NO. 702

						3		9
			2		5			
3		4						
		6	2		9			5
5	9		1	8				6
			7		6			
			5		8			
6				4	9		1	7
9				1		2	3	

NO. 703

		4		6		5		9
	7		3		9		4	
8		9		4		6		
			9		3			
5				2				
7				4		9	3	
4	8		1					2
				3				7
			5		8			

NO. 704

		1	2			9		
	7						3	
		6			4	5		
			6		3	1		4
	4			2		3	7	
3				7				
				4				8
	9	5		1			2	
2		7	9		6			

NO. 705

		6		5				7
8		4				3		6
2			3		9			
			3	7				2
				2	1			9
1						7	5	
6	3							8
7			9					
9		8	7					

NO. 706

	2	4	9		1			
7					4	3	1	
	3					6		
		5	3	9			2	
		4	7	5	6			3
2						7		9
	1			2		8	4	
					4		3	
			1					

19

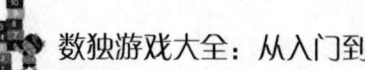

NO. 707

9				4	2		6	
		1			8			
	6		5	3				9
	5		6			1	7	
	7	8						
4		9						
				3				4
					9	8		
	4	2		6		3		

NO. 708

				4				
					5	9	4	
3	7		6			1		
2	1		9	8				5
				2	6			3
		6				4		
					7	6	1	
	9	8	5					
					9			2

NO. 709

	1		7		6			
5							7	
	6		3		1			
		4		9				
	4	3	2	8	6	9		
	9			6	8			
	6		2		3			
	9	1	6		3	2	7	
			5		4			

NO. 710

		4				5		9
				4				
9		7				4		
			5		2			3
	3	2			7			4
6			3			9	8	
	6	1			3			5
7			8			6	4	
4			1		6			

NO. 711

				4				
3	7		6			1		
					5	9	4	
2	1		9	8				5
			2	6				3
		6				4		
				9				2
	9	8	5					
					7	6	1	

NO. 712

	9					8	3	
			7			9		
	3	1					6	
		6	7					3
2			4	1		6		
				5			4	2
8	2			6				
		9		7	1			5
7						2	3	

第二部分 数独游戏规则、解题方法与谜题（续）

NO. 713

	6	5	4			7		
1						2		
5			9	8	1			
		4		9	2	3		
	8							
	2		5		9		8	
7	5		1		3			
					6			
	6	4	8		7			

NO. 714

8	9			1	6			
7						9		
	3	6				2	8	
	6	8			9			
				4	3		6	
4		2	7					
		4	2		8			
1	8	9						
	7			8	2			

NO. 715

	8		1					
	4	7		6	5			
		3			8			
3		9			4			
	2	9	1			3		
5				2		6		
1		6					2	
3			4	8	1			
	9		7			4		

NO. 716

		1	7		9			
	2		4	9	1	8	5	
5			8					
		4		8				
3				6	4	7		
2	8		5					
4	3		5				9	
			7					
1		2	9	3		6		

NO. 717

7					1			
9	4	8	1	6	7	2		
	8							
5			9		4	7		
4		8		3				
6		1		8				
	9		4			1		
			2		5	6		
3		6	5					

NO. 718

3		7		1	5		8	
			3		7	6		
	5	4				3		
			8				3	
6	2			4		7		
			9					
8	1		2	3	4	9		
						5		
	4	3		1		6		

21

NO. 719

2			8	1				7
							1	
1		3			9		2	
3			9			5		
		5				7		
4		7			6			1
		4		6		1		
	3			9			5	
5			3		8			4

NO. 720

6				8		4	7	
		3			6			2
			5			1	3	
4		6	1					5
3	2	8			7			1
				2			3	
	7	4			3		1	
			1		7			
2	3		8	1			5	7

NO. 721

1								
3		4	6	7		8	9	
5	7		1		3			
		9	7					8
4	8			2				5
		7	5		9			
	6	2	3	9	1		7	
	4		8		3	6		
				6				

NO. 722

9				7			1	8
1					3			
4		3	8		5			9
		2		4	9		8	
5				6				
			7				4	
	1							2
			5	3		7	6	
		9	6		2		8	3

NO. 723

	2	6		3			7	
		5	1		9		3	
	1	3		7			4	9
2					3	7		
		7		8	5			
		8	9	4			6	5
4	8							
		7		2		1	8	
		6				4		7

NO. 724

4						7		9
				6		4	3	
	7	8		9			5	
		1	7			9	4	
	2		3				1	5
5		9				8		
	9	6				1		
3								
			5		7	6		1

NO. 725

9			7		3			
5			1		8		4	
	1		3		8		7	
6		7		1		9		
2			4					8
8					7	6	4	
		5			2		7	
1			3					
	2			4				

NO. 726

		5	8	2	3		1	
	8				9			6
						7		9
9		5		2				8
6			1			4	7	
8	1			5	7		3	
4				6				
1		8	2		5			
2	6			3				

NO. 727

8		3						1
		3		5	9			
		1		4		3	7	
	2		4	6		8		
					2			4
5				7			9	
	4	6	8				5	
	8				7	3		
2				4		1		8

NO. 728

6	3	4	1	5			9	
				7		1		3
			8			2		5
		1				4		9
2					9	3		1
	9	5	6				7	
	6				4			
		3	8	6		7		4
			2		7		1	6

23

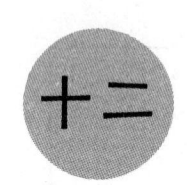

九宫(9×9)对角线数独
(NO.729~NO.828)

九字（9×9）对角线数独的规则和解题方法

1. 对角线数独的规则

（1）每行9个小方格中的数字，1～9不重复；

（2）每列9个小方格中的数字，1～9不重复；

（3）9个3×3的九宫格中数字，1～9不重复；

（4）两条对角线小方格中的数字，1～9为重复（图12-1）。

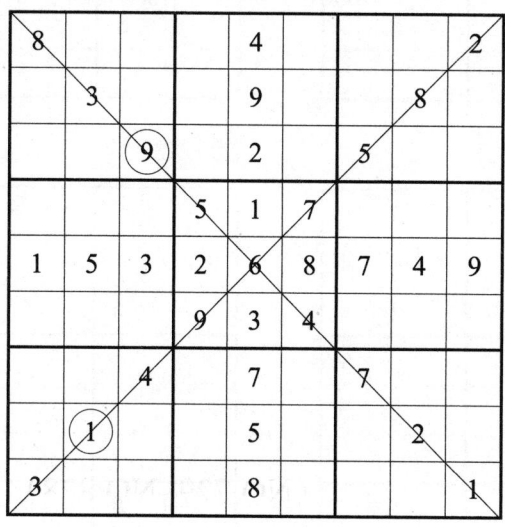

图12-1 两条对角线上小方格中的数字，1～9不重复

2. 解题方法

解对角线数独必须满足上述4个性质，其解法是在运用普通数独的解题方法解题时，还要使用两条对角线上小方格中的数字，1～9不重复（图12-1），灵活交叉运用对角线数独的4个性质。

例如在图12-1中，根据对角线小方格中数字1～9不重复的性质，在第三行与第三列相交的小方格中应填9；在第八行与第二列相交的小方格中应填1。

25

NO. 729

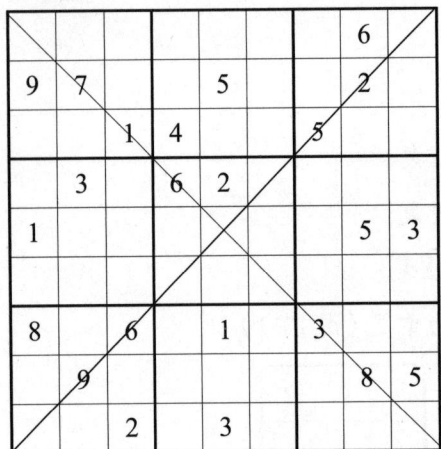

NO. 730

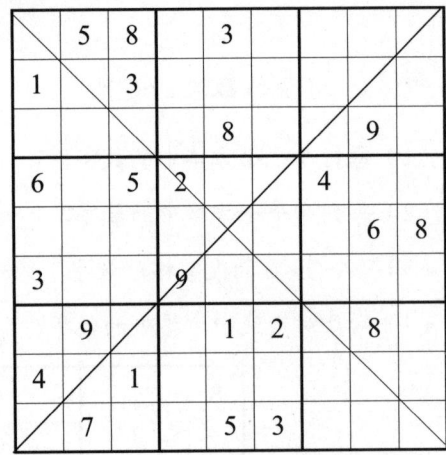

NO. 731

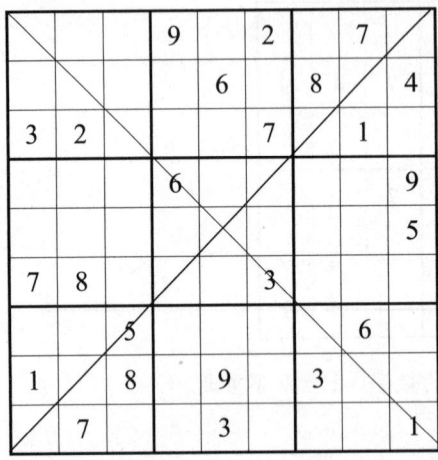

NO. 732

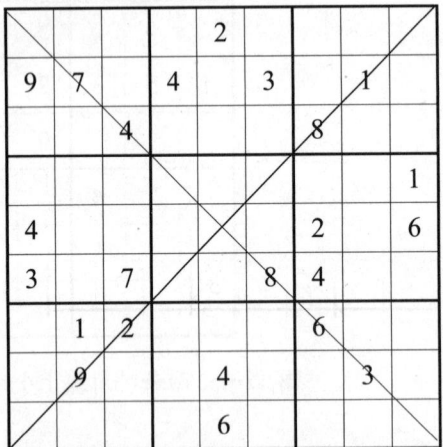

NO. 733

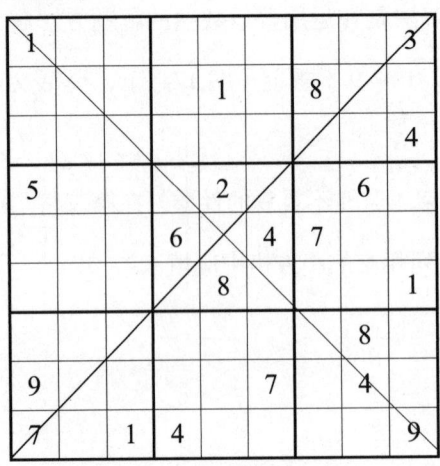

NO. 734

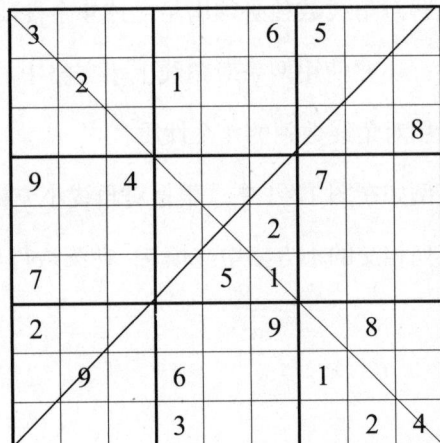

第二部分 数独游戏规则、解题方法与谜题（续）

NO. 735

NO. 736

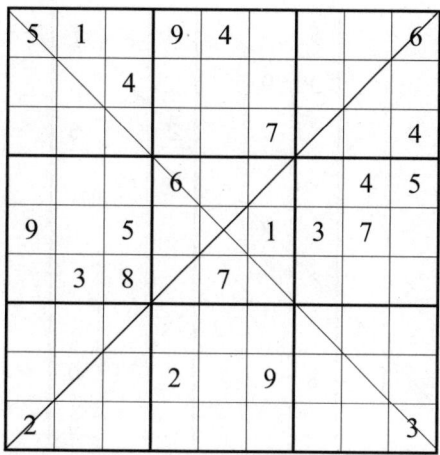

NO. 737

NO. 738

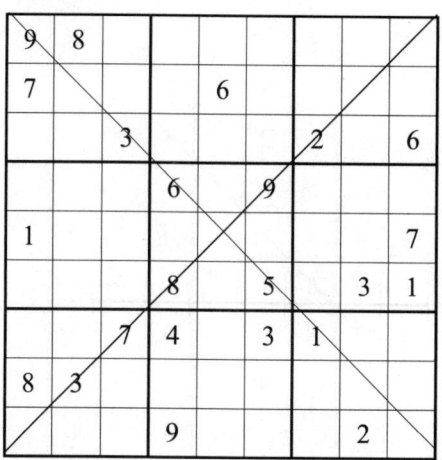
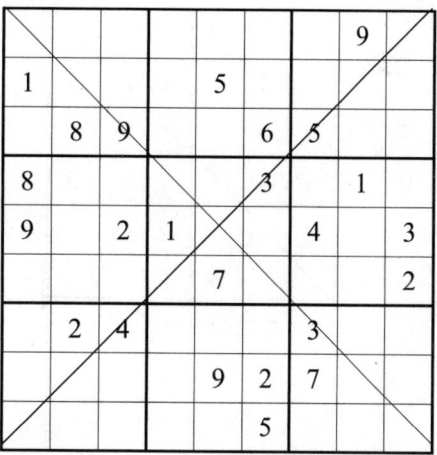

NO. 739

NO. 740

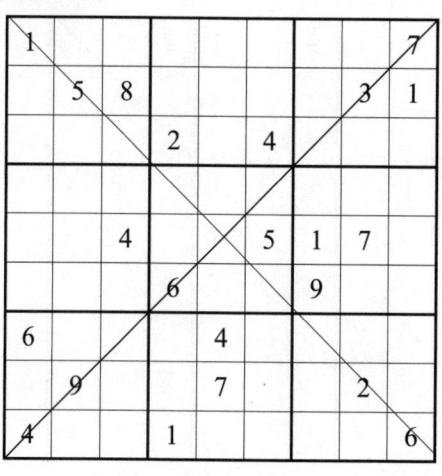
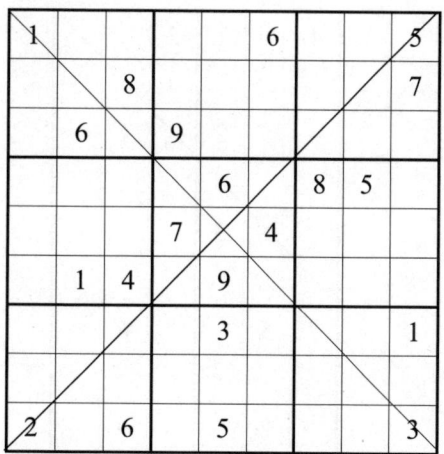

NO. 741

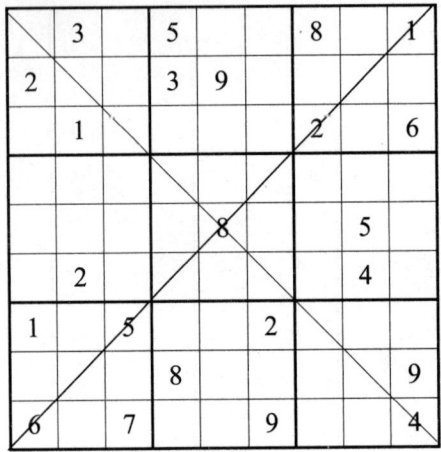

NO. 742

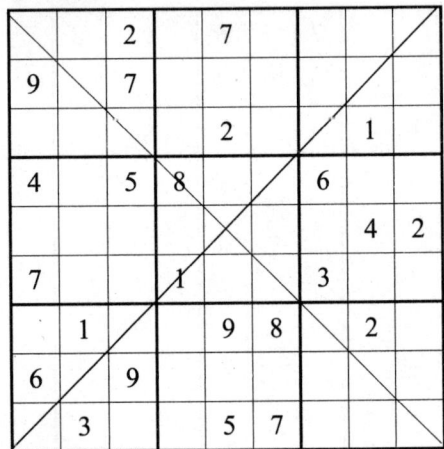

NO. 743

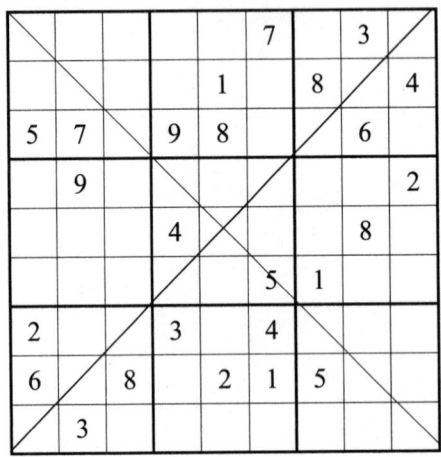

NO. 744

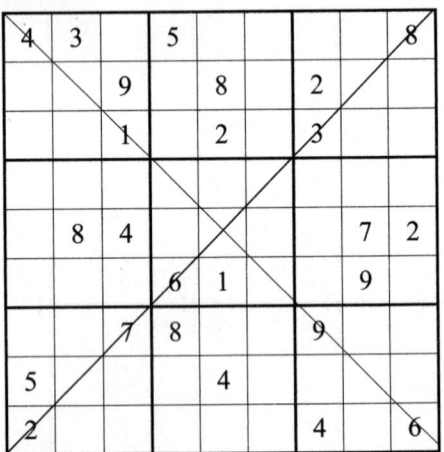

NO. 745

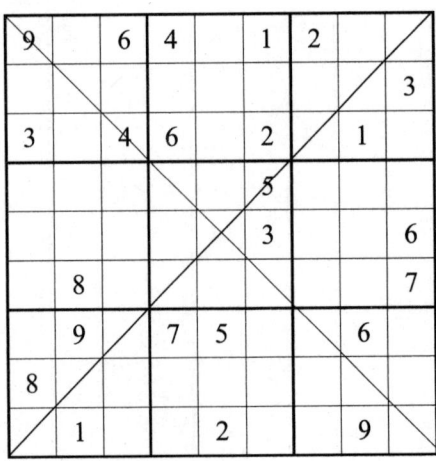

NO. 746

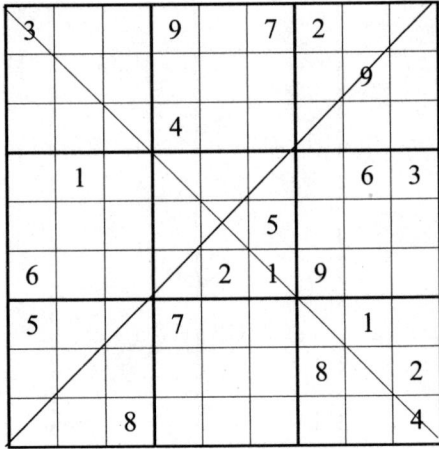

NO. 747

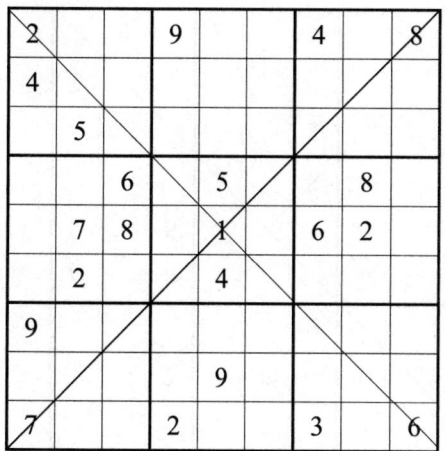

NO. 748

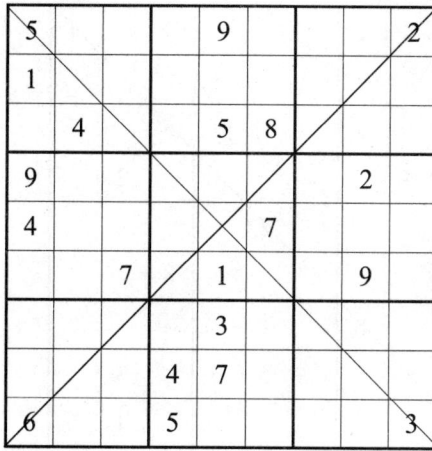

NO. 749

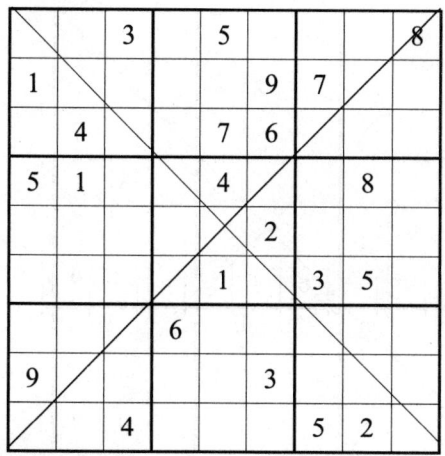

NO. 750

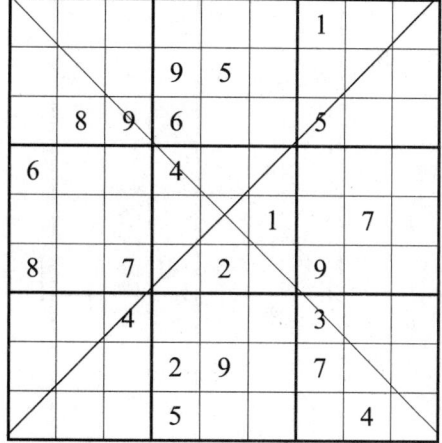

NO. 751

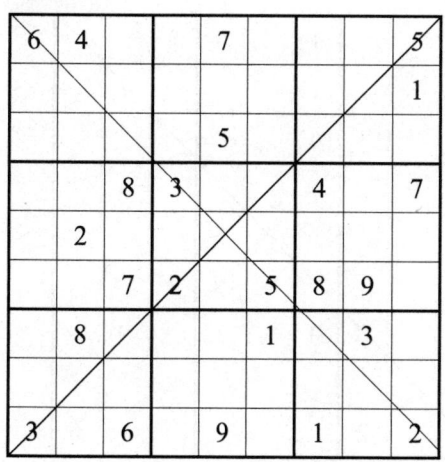

NO. 752

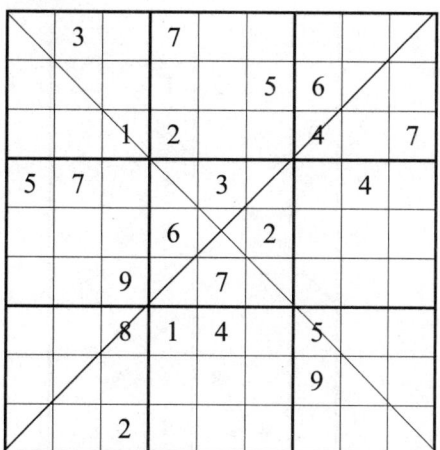

NO.753

NO.754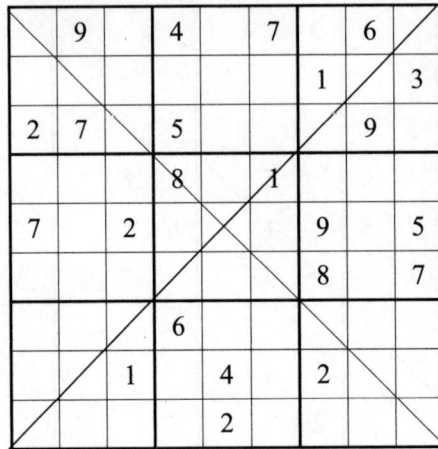

NO.755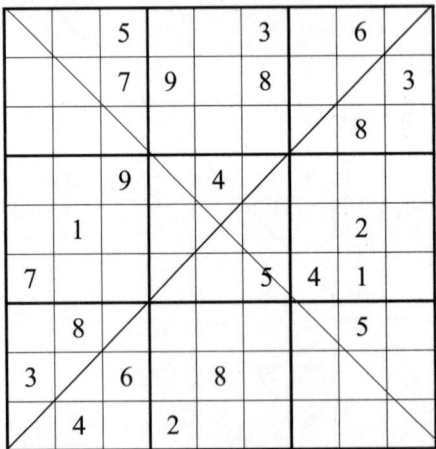

NO.756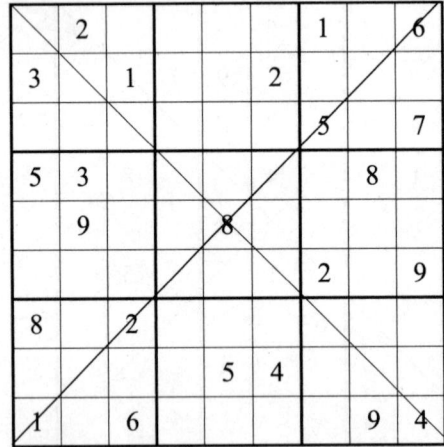

NO.757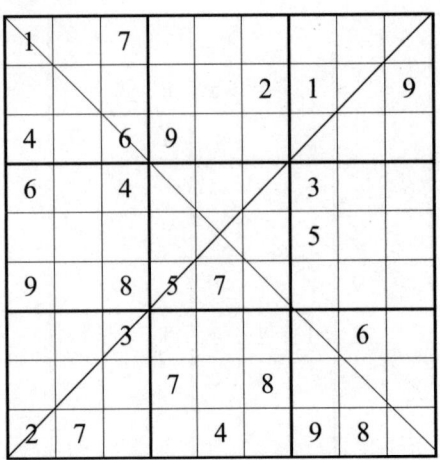

NO.758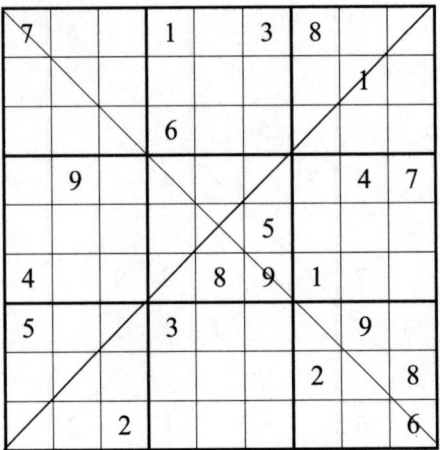

第二部分 数独游戏规则、解题方法与谜题（续）

NO. 759

NO. 760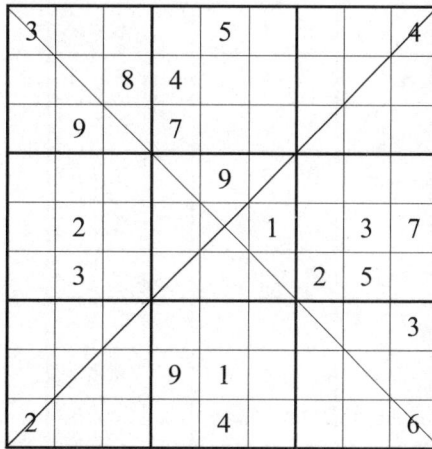

NO. 761

NO. 762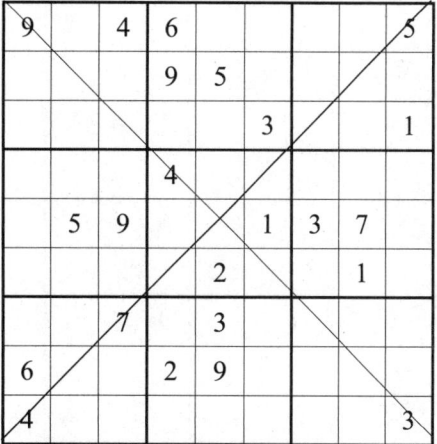

NO. 763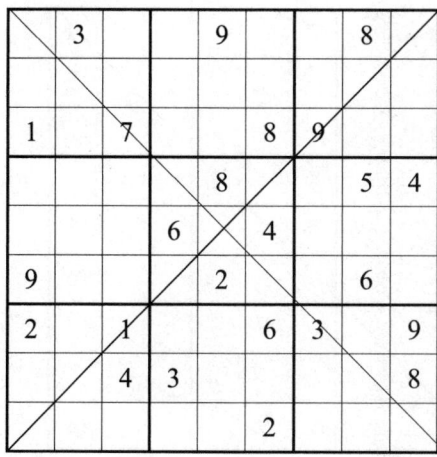

NO. 764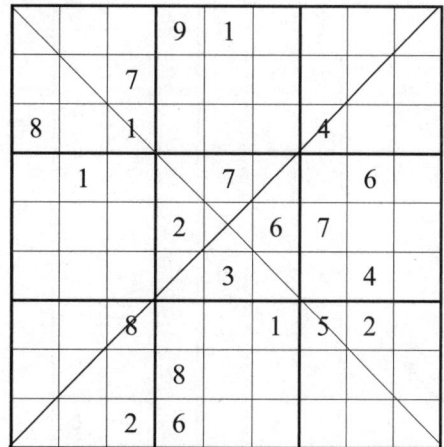

31

NO.765

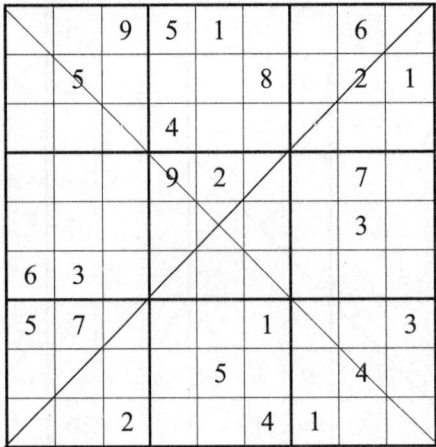

NO.766

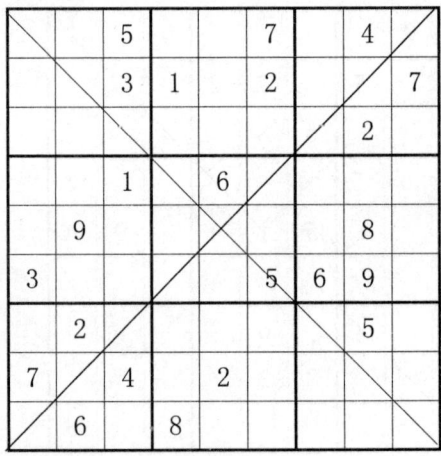

NO.767

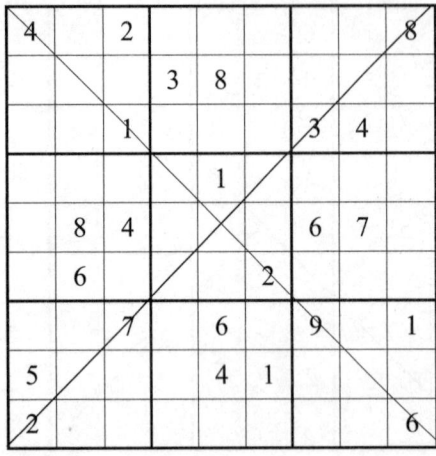

NO.768

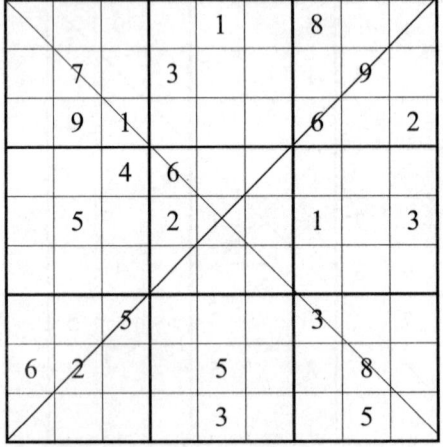

NO.769

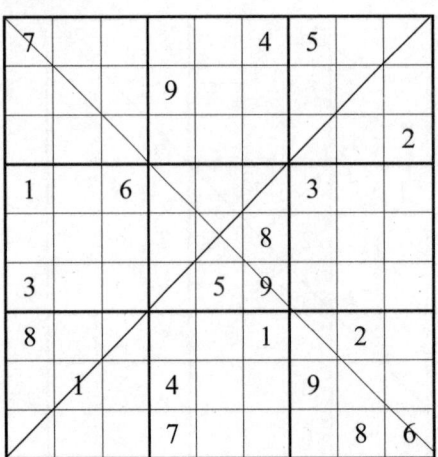

NO.770

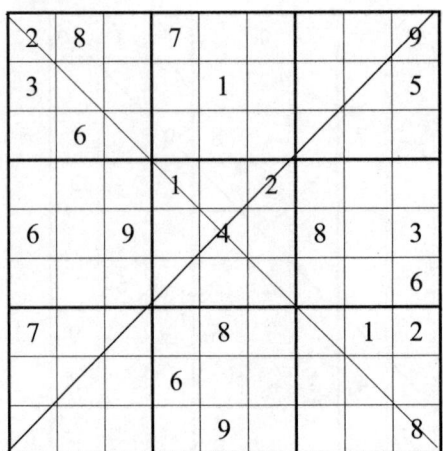

NO. 771

3								2
		9		2	3			
	8							
	4	7					9	
5			9				1	4
				1				
					2			
				3	5			
4				7		3		6

NO. 772

	9		5				1	
		6	9					
7								6
						4		
5		3	6		9			
	1	4		8			7	
	3				7			5
			2		5			8
2								

NO. 773

		4		1		7		
3	7				9		2	
5				4				
7			5					9
		9			8	3		4
	3							
8			6	3				
	1			9			8	
		5						

NO. 774

						6		
								2
		9				7		
				2		9		
			6		4			3
				8			4	
9		3			6	1		
		1	3					
							2	

NO. 775

1		8						4
7						1		
			9					
	1	2		7		8	6	
			2		6			7
				3				
								1
				2				
8		3					2	5

NO. 776

					6	5		
	5				3	7		
9								2
5		4	9					
1			2				5	
	8					1		4
								1
6	2		7	3			4	
	1					3		

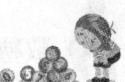

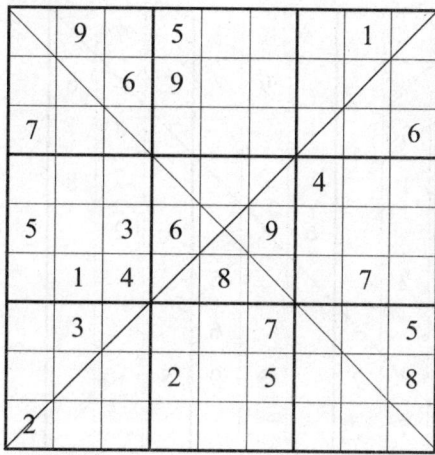

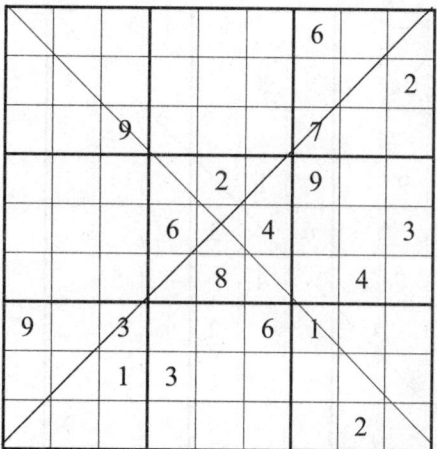

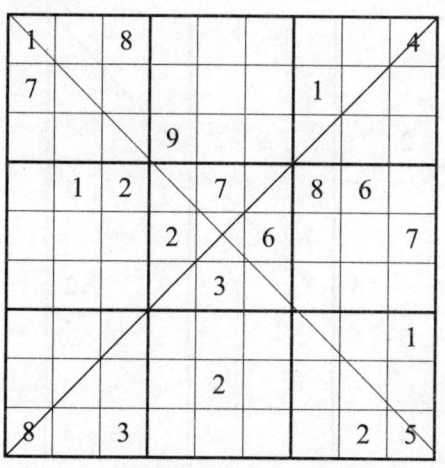

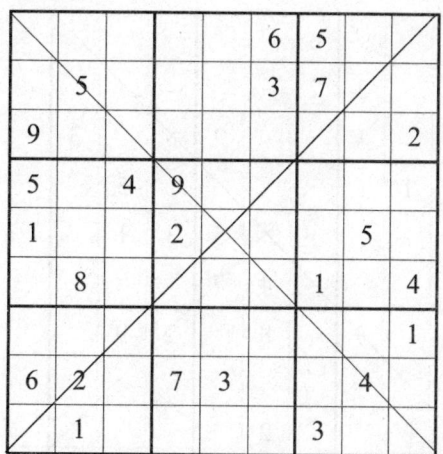

NO.777

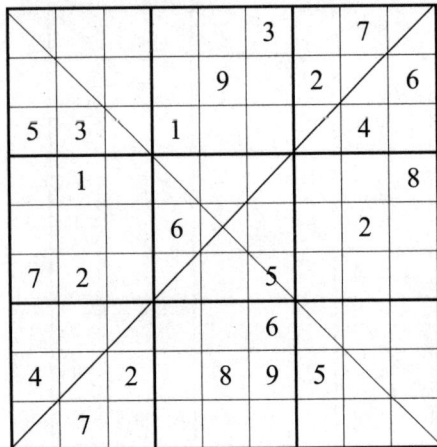

NO.778

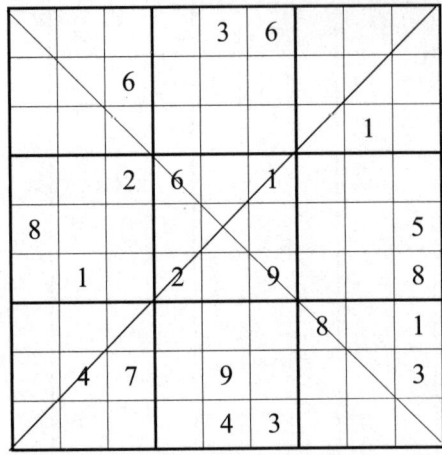

NO.779

NO.780

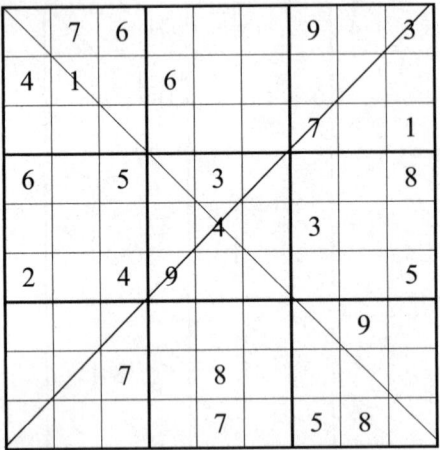

NO.781

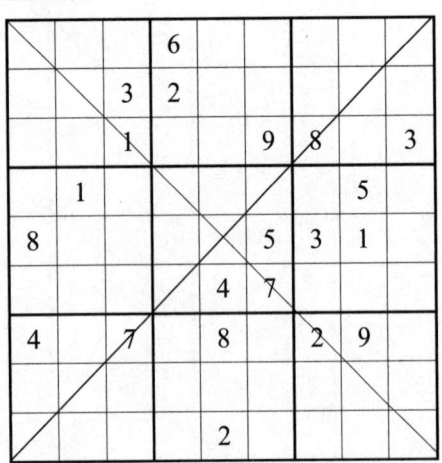

NO.782

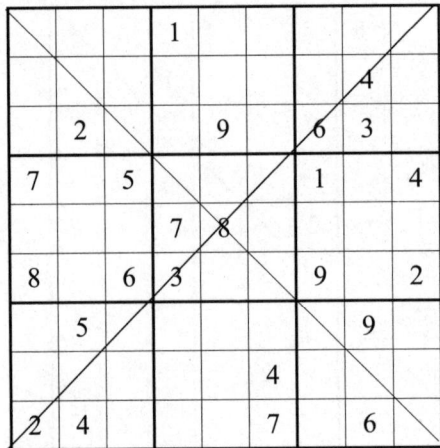

第二部分 数独游戏规则、解题方法与谜题（续）

NO. 783

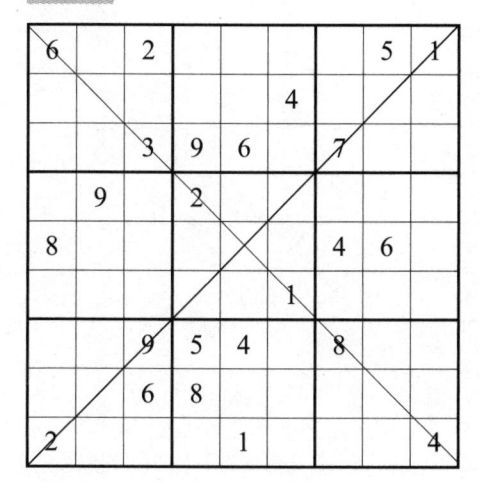

	6		2					5	1
					4				
		3	9	6		7			
	9		2						
8						4	6		
				1					
		9	5	4		8			
		6	8						
2				1					4

NO. 784

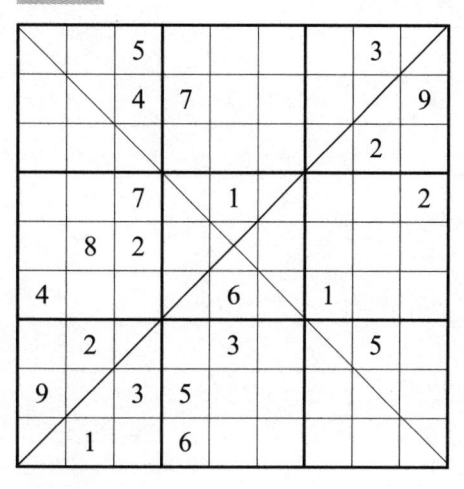

		5				3		
	4	7						9
						2		
	7		1				2	
8	2							
4				6		1		
2			3				5	
9	3	5						
1		6						

NO. 785

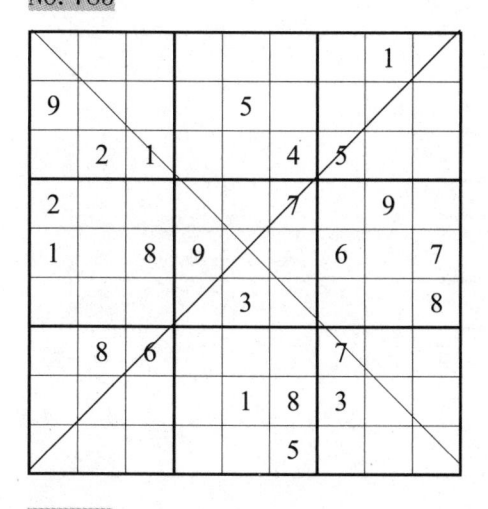

						1		
9			5					
	2	1		4	5			
2			7		9			
1	8	9		6		7		
		3				8		
	8	6		7				
			1	8	3			
			5					

NO. 786

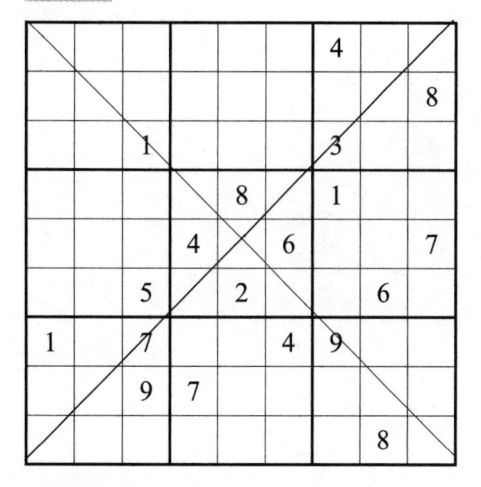

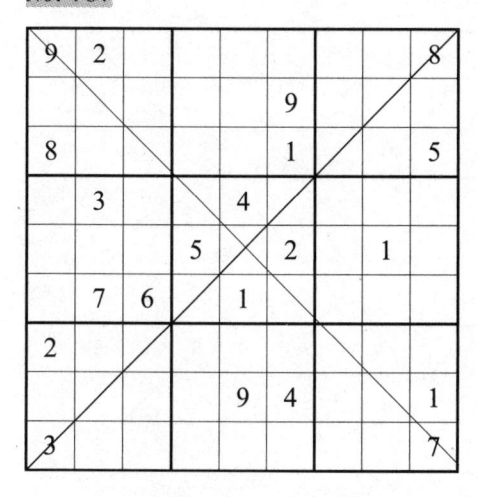

			4					
		1		3		8		
		8	1					
	4		6			7		
	5		2		6			
1	7		4	9				
	9	7				8		

NO. 787

9	2						8
				9			
8				1			5
	3		4				
		5		2		1	
	7	6		1			
2							
			9	4			1
3							7

NO. 788

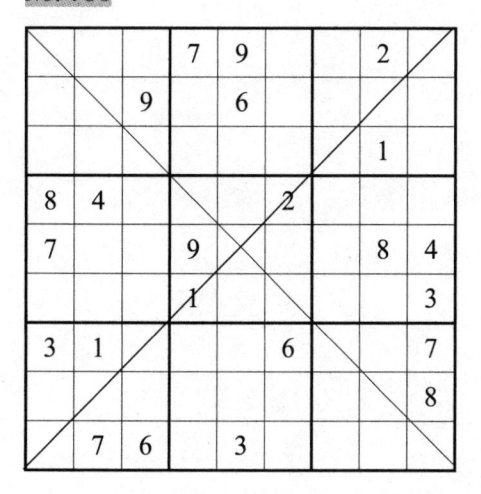

		7	9		2		
	9		6				
						1	
8	4		2				
7		9			8	4	
		1				3	
3	1		6			7	
						8	
7	6	3					

NO.789

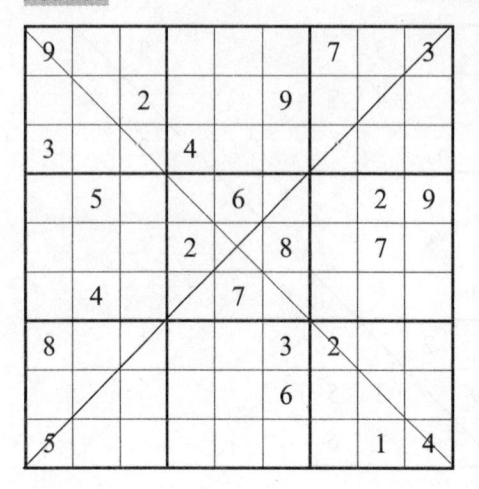

9					7		3	
		2			9			
3		4						
	5			6			2	9
		2		8		7		
	4			7				
8				3	2			
				6				
5						1	4	

NO.790

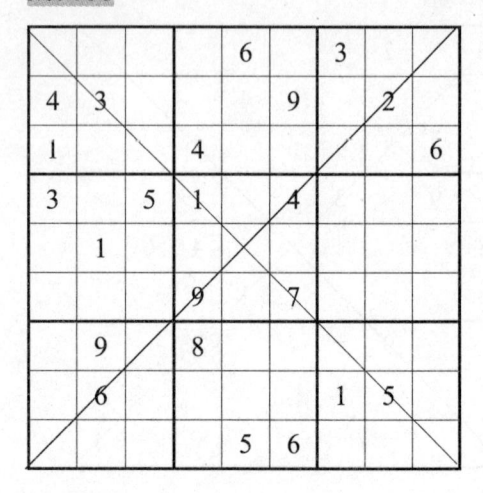

				6		3		
4	3				9		2	
1			4					6
3		5	1		4			
	1							
				9		7		
9		8						
6						1	5	
		5	6					

NO.791

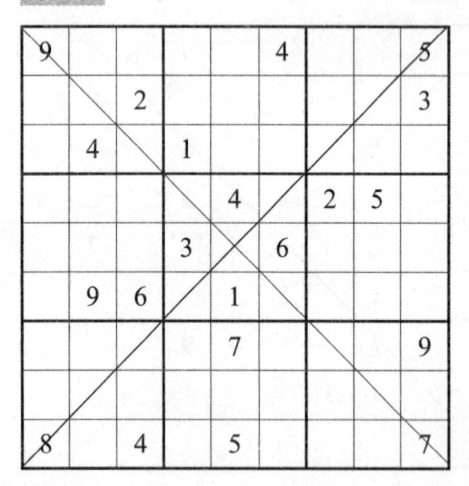

9				4			5	
		2					3	
	4		1					
			4		2	5		
		3		6				
	9	6	1					
			7				9	
8	4		5				7	

NO.792

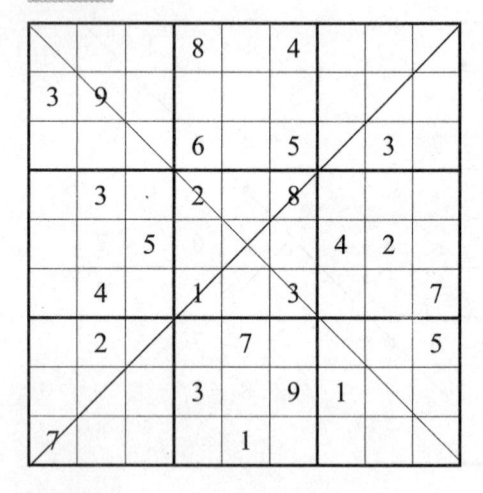

		8	4					
3	9							
			6		5		3	
	3		2	8				
	5					4	2	
	4		1		3			7
2			7				5	
			3	9	1			
7			1					

NO.793

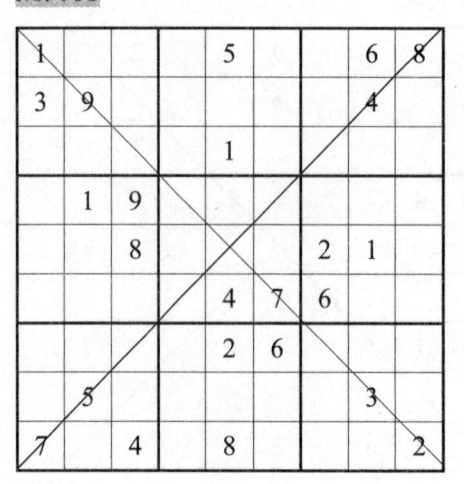

1			5			6	8	
3	9				4			
		1						
	1	9						
	8			2	1			
		4	7	6				
		2	6					
	5				3			
7	4	8					2	

NO.794

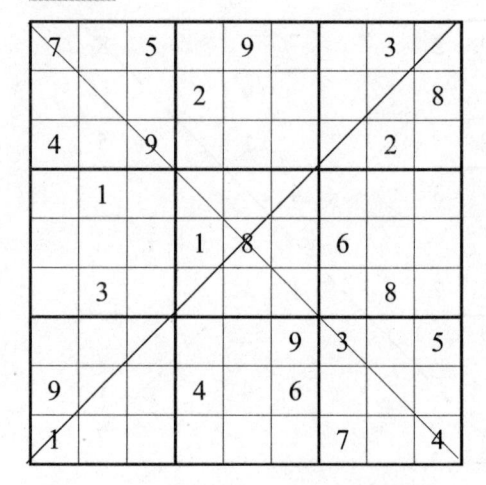

7	5		9			3		
		2					8	
4	9				2			
1			1	8		6		
	3					8		
					9	3		5
9		4	6					
1						7	4	

NO.795

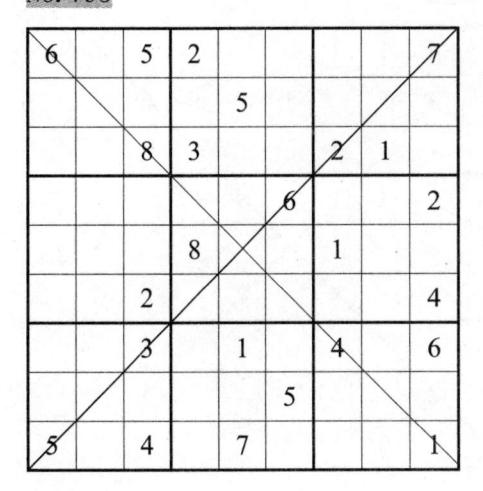

NO.796

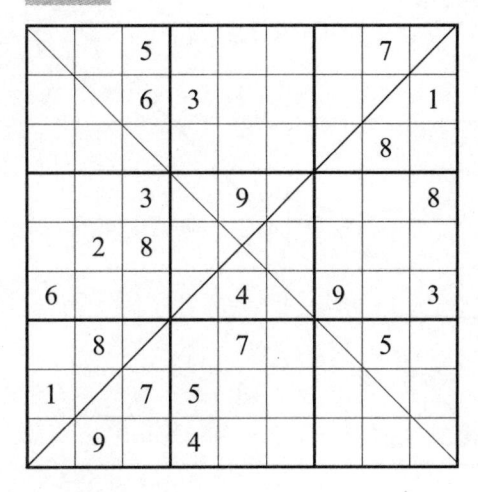

NO.797

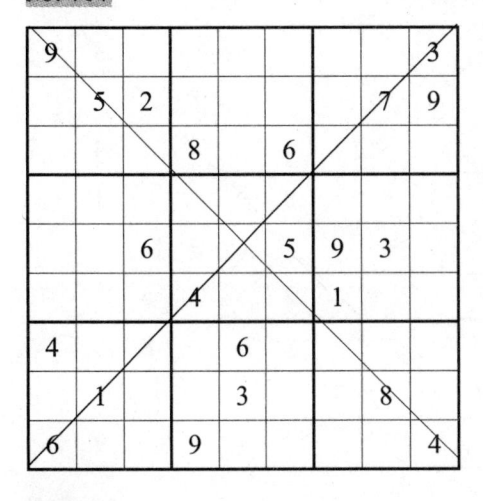

NO.798

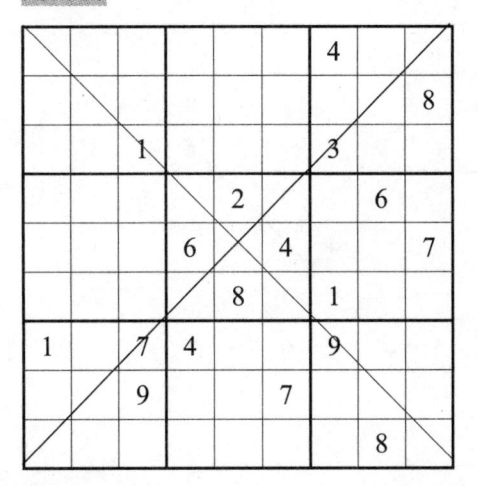

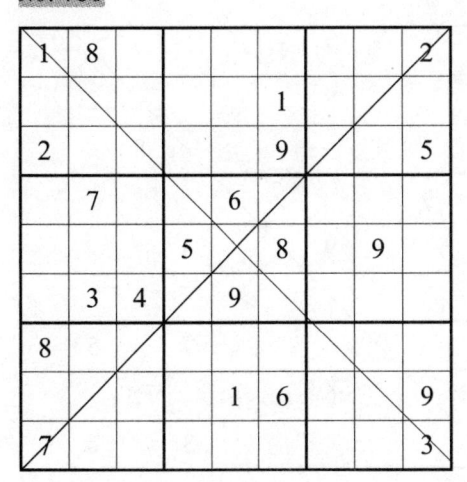

NO.799

NO.800

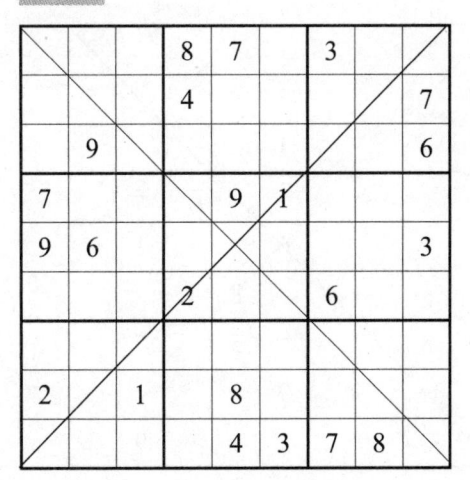

NO. 801

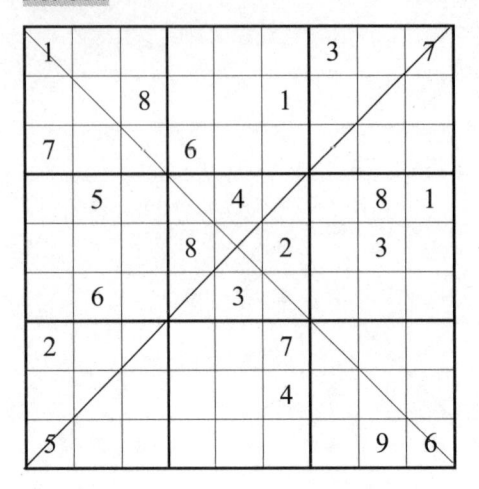

1				3				7
		8			1			
7			6					
	5			4			8	1
		8		2		3		
	6			3				
2					7			
				4				
5							9	6

NO. 802

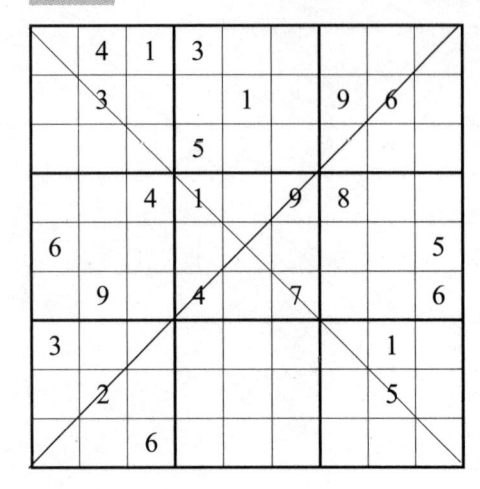

	4	1	3					
	3			1		9	6	
			5					
		4	1		9	8		
6							5	
	9		4		7		6	
3							1	
	2					5		
	6							

NO. 803

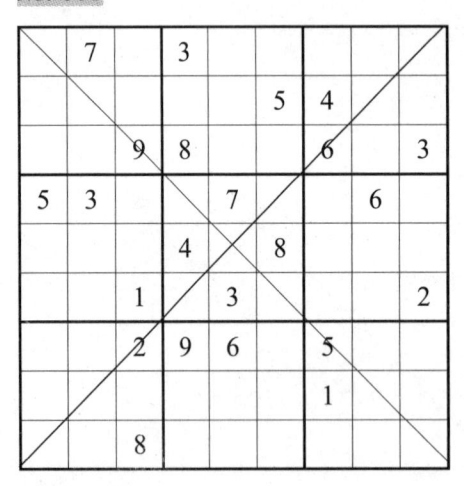

	7		3					
				5	4			
		9	8		6		3	
5	3		7			6		
		4		8				
	1		3			2		
	2	9	6	5				
				1				
		8						

NO. 804

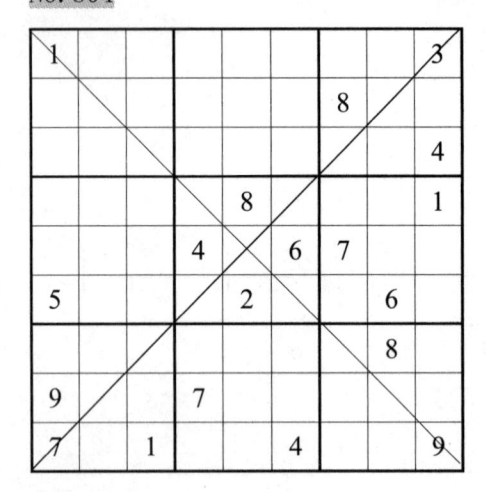

1							3	
						8		
							4	
			8				1	
		4		6	7			
5				2		6		
						8		
9		7						
7	1			4			9	

NO. 805

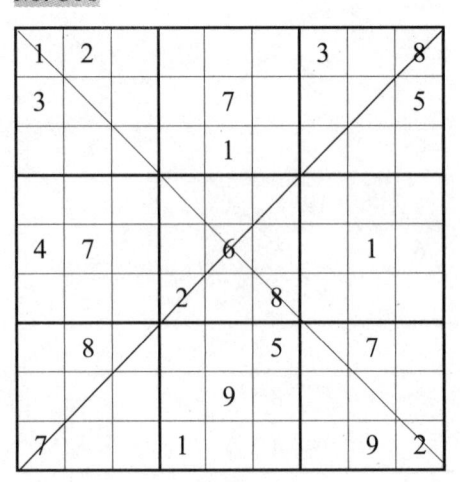

1	2			3		8		
3			7			5		
			1					
4	7		6		1			
		2	8					
	8		5		7			
			9					
7		1			9	2		

NO. 806

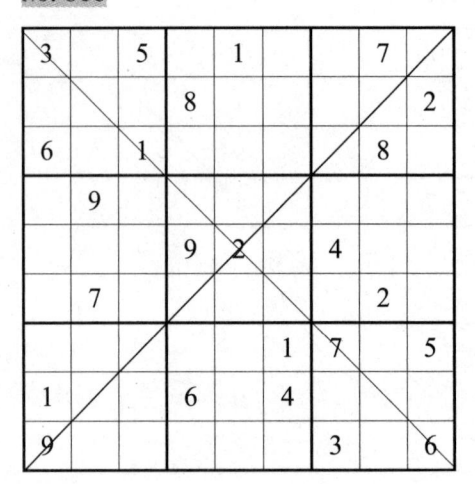

3		5		1			7	
			8				2	
6	1					8		
	9							
		9	2		4			
7						2		
					1	7	5	
1			6	4				
9						3	6	

第二部分 数独游戏规则、解题方法与谜题（续）

NO. 807

NO. 808

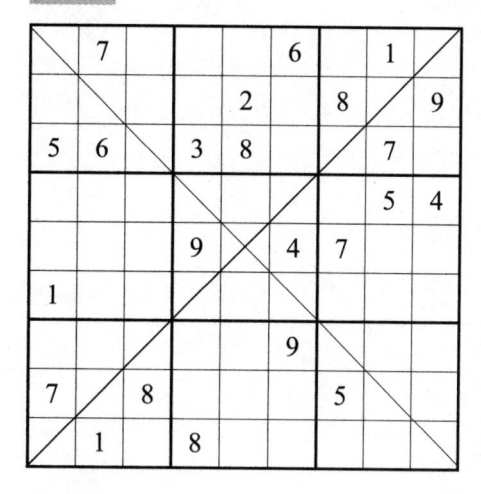

NO. 809

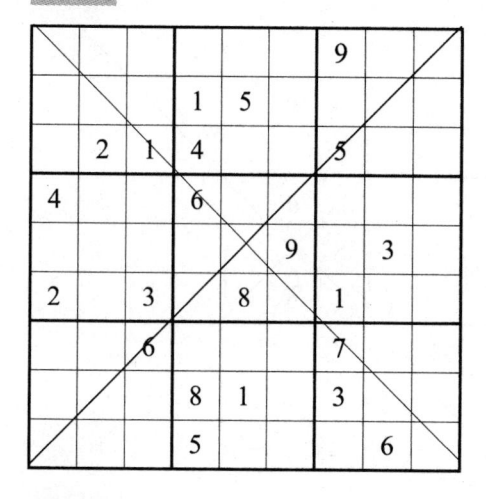

NO. 810

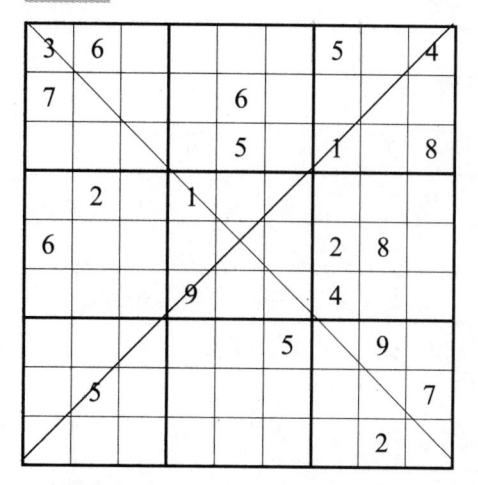

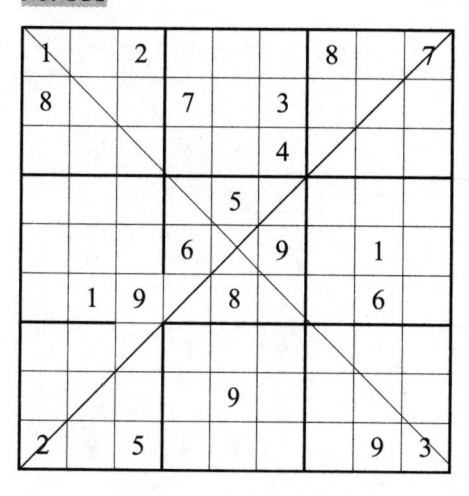

NO. 811

NO. 812

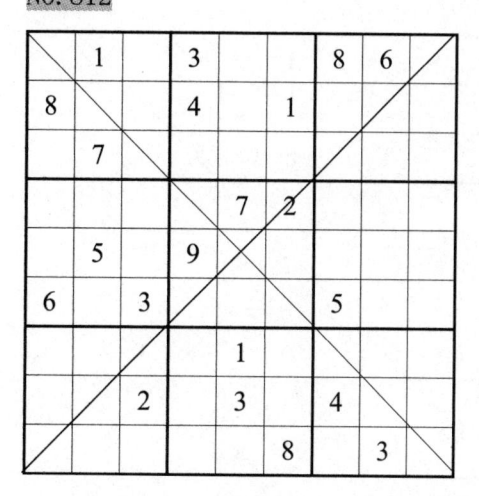

39

NO.813

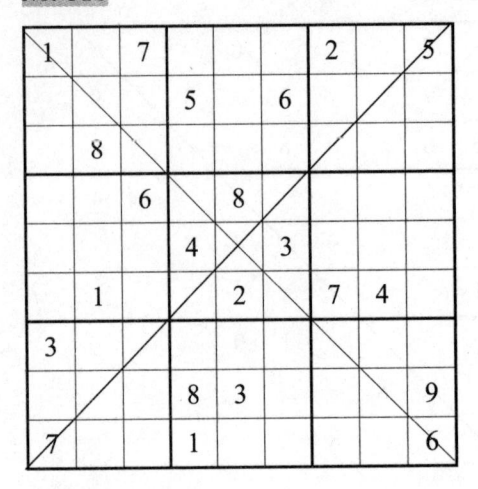

NO.814

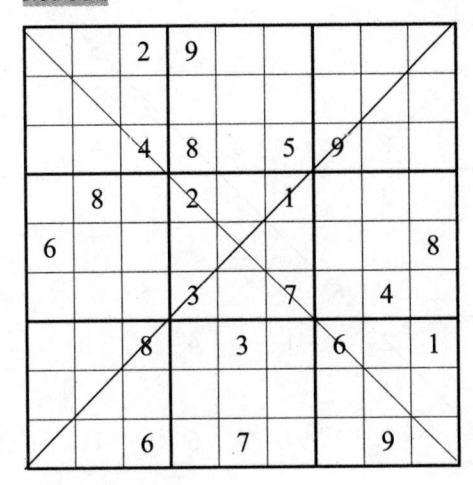

NO.815

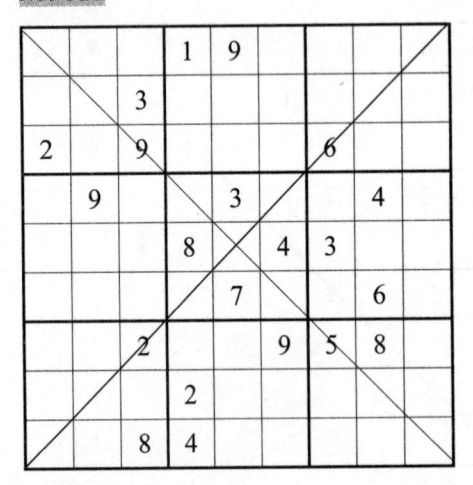

NO.816

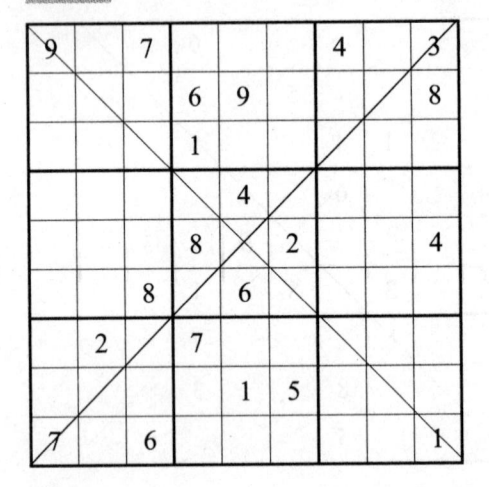

NO.817

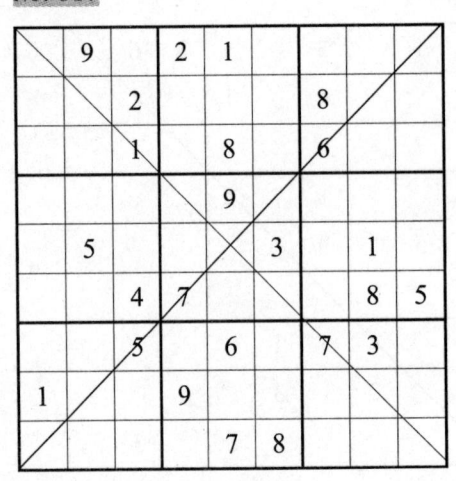

NO.818

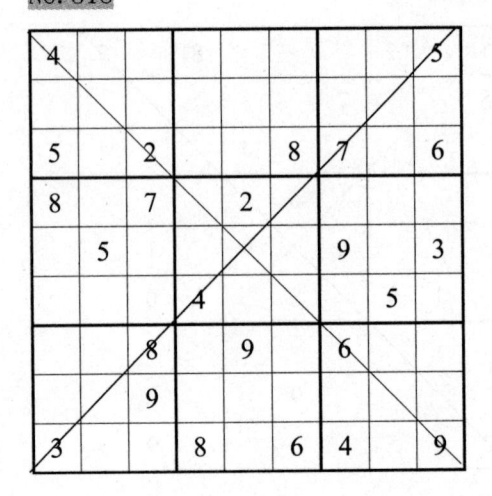

第二部分 数独游戏规则、解题方法与谜题（续）

NO. 819

NO. 820

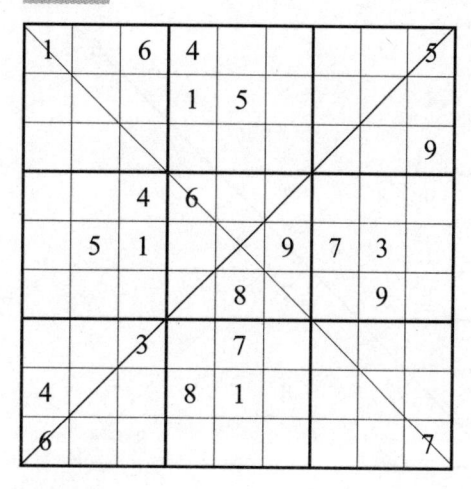

NO. 821

NO. 822

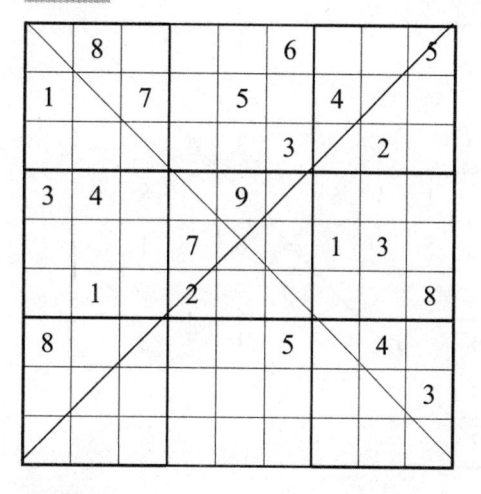

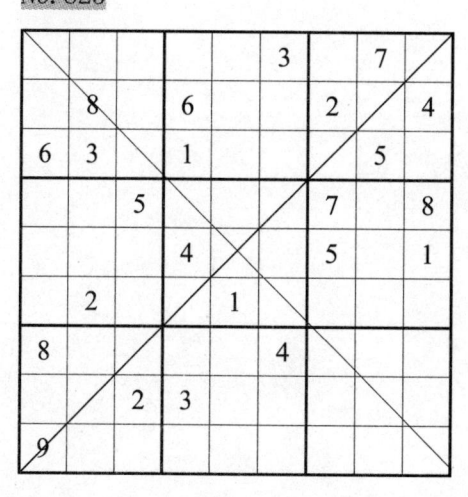

NO. 823

NO. 824

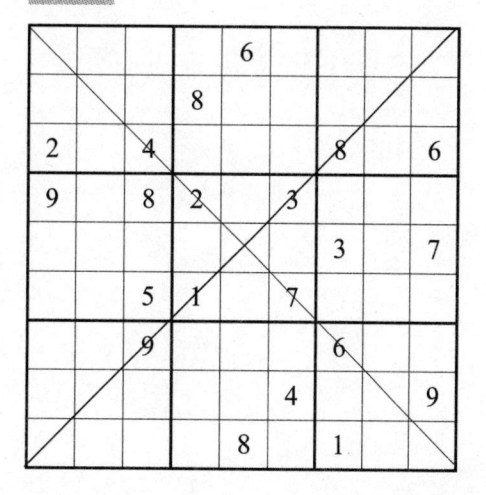

41

NO.825

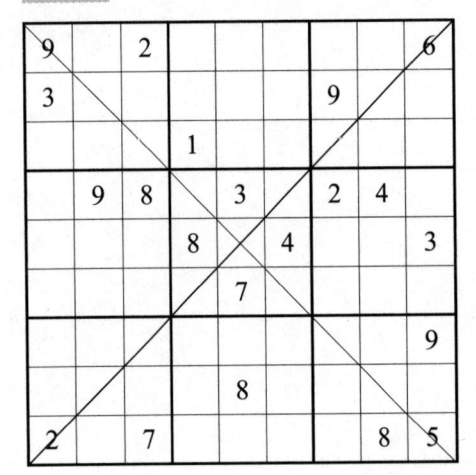

NO.826

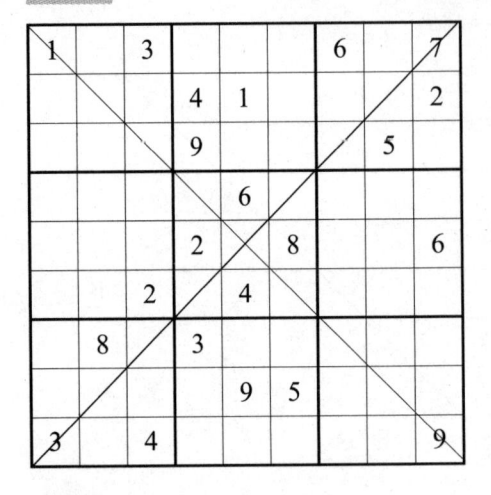

NO.827

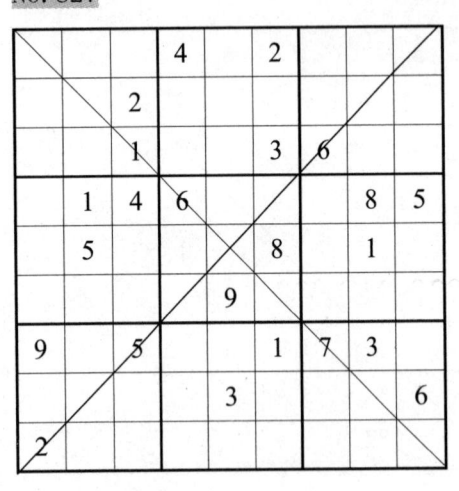

NO.828

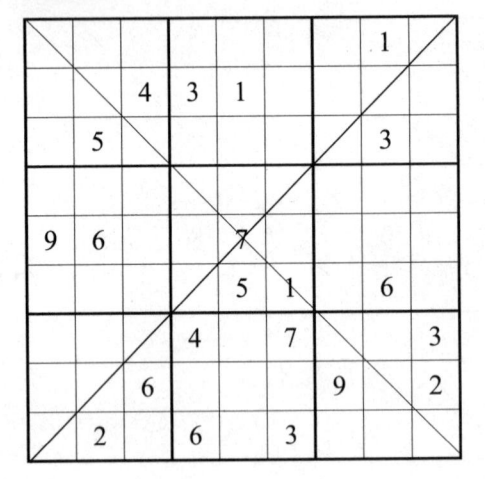

十三

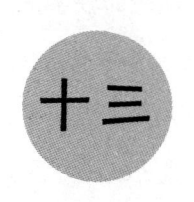

九字（9×9）折断对角线数独
(NO.829~NO.932)

九宫(9×9)折断对角线数独的规则和解题方法

如图 13-1 所示,一个数独中共有四条折断对角线(6-3 对角线)。图中只画出向右倾斜的两条折断对角线,一条是 6-2-1-7-5-3 与 9-8-4;另一条是 8-4-9-2-1-6 与 5-3-7。同理还有向左倾斜的两条折断对角线。这四条折断对角线均是 1~9 不重复。

1. 折断对角线数独的规则

(1)每行 9 个小方格中的数字,1~9 不重复;

(2)每列 9 个小方格中的数字,1~9 不重复;

(3)9 个 3×3 的九宫格中的数字,1~9 不重复;

(4)两条对角线小方格中的数字,1~9 不重复;

(5)四条折断对角线(6-3 对角线)小方格中的数字,1~9 不重复(图 13-1)。

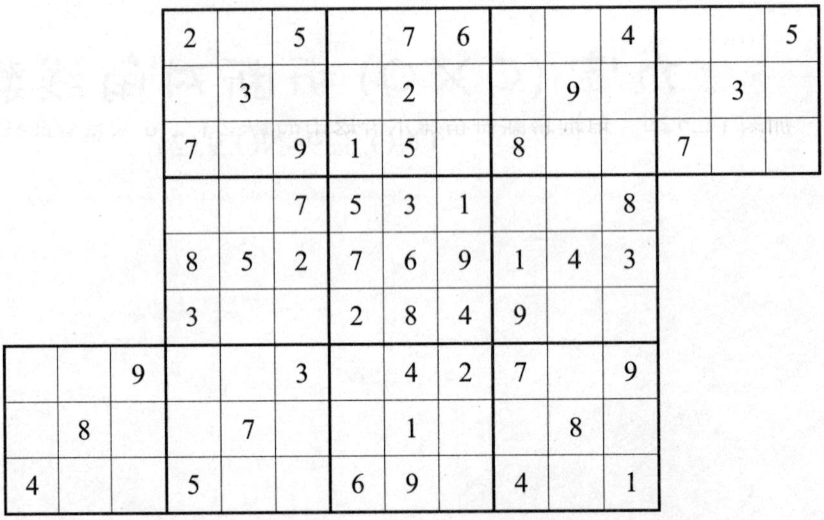

	2		5		7	6		4		5
		3			2			9		3
	7		9	1	5		8		7	
		7	5	3	1			8		
	8	5	2	7	6	9	1	4	3	
	3			2	8	4		9		
		9			3		4	2	7		9
	8			7			1		8	
4			5			6	9		4		1

图 13-1 四条折断对角线小方格中的数字 1~9 不重复

2. 解题方法

		9			8			
	8			4				
4			9					
		2						6
	[1]						2	
6						1		
					7			5
				[5]			3	
			3			7		

图 13-2　折断对角线解题方法

解折断对角线数独需要满足上述 5 个性质，其解法是在运用对角线数独的解题方法解题时，还要保证四条折断对角线小方格中的数字 1 ~ 9 不重复（图 13-2）。

例，如图 13-2 中，根据折断对角线小方格中的数字 1 ~ 9 不重复的性质，中左和下中九宫格中的中央格应填的数字分别是 1 和 5。即在一条折断对角线 8-4-9-2-6 与 5-3-7 中，1 ~ 9 只缺“1”，故在中左九宫格的中央格中应填数字“1”；同理，在下中九宫格的中央格中应填“5”。

NO. 829

9				8		5		
				4		6		
3		1						
				7	5			
6		9		5				
	6							
				4		8		
4	1							7

NO. 830

							6	
		6		3	5			
2			5					
		4				2		
5								3
1		7		4				6
						4		9
		9		1				

NO. 831

6		1						
			3	8				
5		7	8					
			2		4			
2		4						
	3							
		8		3				
	4	9	7		5			

NO. 832

			6					
				2				
		2			1			
	4			5		8		
			1		4		2	
7					3			
3						3		
4	5	7						

NO. 833

	8		4		5			
4	2			1				
	3		7					
		3						
3								
	4	5	7					
		6						
		2						
	2			1				

NO. 834

	6							
7					6		3	
	5	4	8					
	3	8						
				9				
	9	5						
7				6				
				2	7			
				8				

NO.835

7				6	1			
4		5			2			
	8		2	3				5
3		2						
	4							
					7			
			4		5	7		

NO.836

			3	6			7	
						2		6
				5			8	
	4					8		
							7	
3		5	4					
			3	9	8			
						5		

NO.837

5								
					7			
4								
		6	1					
				9	4		2	
			2					
	3			6		2		
				7	3		8	
					4			

NO.838

7								
		4		1		3		
8								
							7	
6	1						8	
2			9					
1	2					5		4
					4		1	
5								

NO.839

	1						3	
	6				8			
		7					2	
	9	1	5					
1					3			
		2		8	7			
				7				
	3		1			4		
			6				9	

NO.840

2				4				
	5	6						2
			1		7			
				1				
							3	
6		3	5				7	
8				2				
	9							8
					6			3

47

NO. 841

				9				7
		6			9		5	
8		4		3				
					7	3		
	2	7		8				
2			8				4	
				5				
	1			4				

NO. 842

9		1						
			3	6		4		
	8				4			
	5			1		7		
		6						3
						9		
2		7						
			9	5			7	
	1						4	

NO. 843

	6		3		1			
						3	6	
				7				
1					8			
		2	5					9
9				4	3			
	7					1		
	4		9			5		
		6						

NO. 844

						6		
	4			8				
					7	4	1	
			8		5	9		
				4		6		
						3		1
			7	5				
			5				6	9

NO. 845

	5				2			
			2				4	
				3	5			
7		4			6	1		
			4		9			
9		1						
				6				
	3	5						6

NO. 846

		2		4				
4						2		
								3
		8		3				
	7			5			4	9
						6		1
		3	8					
	8					5		7

NO. 847

				6				
			8				2	3
	7	2						
	2							
			6			7	5	
4		5		8				
								6
9		3				7		1

NO. 848

	3							
							3	
4		5	7					
			6					
			2			1		
4					5		8	
				1		4		2
7							3	

NO. 849

	8							3
			9					
	9	5						
			6					
		2		7				
		8						
								6
		6		3	7			
4		8						5

NO. 850

	5		8		2	3		
		3		2				
				4				
								7
7						4		5
1		7						6
2		4		5				

NO. 851

8			4					
7								
		3		5	4			
			3	9	8			
5								
	7				3	6		
2		6						
	8					5		

NO. 852

			8			4		
			7					
						3		5
9	8							3
			5					
3	6			7				
			2		6			
	5			8				

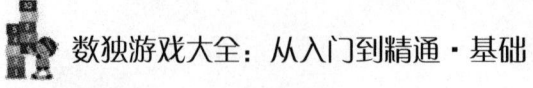

NO. 853

		6	1					
				9	4		2	
			2					
	3		6		2			
				7	3		8	
1					4			
5								
					7			
4								

NO. 854

					9	5		6
			7					
4								
9							3	
		8	4					
1			3					
	6			7				
			8		6			
	8			2				

NO. 855

	6	4						
		8						
	8			7				
					7			
4	1			9	5			
		3						
				3				
	9	3	1					

NO. 856

6								9
	2			7				
		3						
		3	1					
			5		7			
				6				
	2					1		
4	2			9			7	

NO. 857

	3		7		2		5	
		7		2		6		
8				1				
6		4	3					
4	5							
2			7	6				
		9						

NO. 858

1			8					
			6			4	3	
		4	5					
		2				7	6	
					9			
2		5		3		7		
	6				7		2	

第二部分 数独游戏规则、解题方法与谜题（续）

NO.859

			8					
4		2						
6		3		8				
	5		9					
	7	1						
	8			5				
		6		3	5			
		3						
	1							

NO.860

		2			5	7		
						5		
	6	4						
			5	3	2			9
				9				
	8	7				4		
2			1				7	

NO.861

		9		4		2		
			8					
								9
	1							
8	7							
	3							5
	9			1	5			
	4	5						
				2	3			

NO.862

				5			8	
8		1				5		7
					2			
			9	3	7			
						1	6	
1							5	
6	2					9		

NO.863

5			6					
7		2				8		
9			3		4			
		6		8				
		8				1		
					3			
2				5	3			
							7	
							9	

NO.864

7				2				
							9	7
	3	1						
8			5	3	1			
						4	2	
				8				
		4		7	2			
5				6				

51

NO. 865

	7		1		5			
	9							
			4					
		6		5	2			
	2				8		3	
			6			7		
9				3				
		8						
7								

NO. 866

		9		6				4
					5			
7					8			
			5				2	
								3
							7	
1		3						
			3	1			8	
	2					4		

NO. 867

3								
		6		9		7		
	2							
						3		
	4	9				2		
	8			1				
	9	8			5		6	
				6		9		
	5							

NO. 868

5		1				8		
			4	2			1	
		8						7
4		7	2			6		
					1			
		6		4		5		8
	2							
				9	7			
9		5					3	1

NO. 869

8			6					
	5	4					8	
		9	3					
			9					
					7			
4		7	5		3			
2				8				
		1					2	
				4			7	

NO. 870

					1			3
			4			1		5
2		6			7			
							3	7
			8	3		2		
8				2				6
						5		
		9			6			

NO. 871

1	9							
		7	4		6			
	2				6			
	5		9		3			
		4					7	
				1				
8	3							
		1	5		3			
	9				6			

NO. 872

	4		7		9			
							7	4
				3				
9						2		
		8	5					1
1				6		7		
	3						9	
	6		1				5	
		4						

NO. 873

				4				
	6		2					
				3	6	9		
		2		5	1			
		6		4				
						7		9
	3	5						
	5				4		1	

NO. 874

5						8		
				8				6
					7	5		
3		6			4	9		
				6		1		
1		9						
					4			
7	5							4

NO. 875

	8		6					
6				8				
								7
	2		7					
	3		5			6	1	
					4		9	
		7	2					
		2			5		3	

NO. 876

					4			
				2			8	7
	3	8						
	8							
			4			3	5	
6		5		2				
							4	
1		7				3		9

NO.877

	7							
				7				
6		5	3					
		4						
			8					
		8		9				
	6			5		2		
			9		6		8	
	3					7		

NO.878

	2							7
				1				
		1	5					
			4			3		
			8		3			
				2				
								4
			4		7	3		
6		2						5

NO.879

	5		2		8	7		
		7		8				
			6					
						3		
3				6		5		
9		3				4		
8		6		5				

NO.880

2				6				
3								
			7		5	6		
					7	1	2	
5								
		3				7	4	
8		4						
		2					5	

NO.881

		2			6			
		3						
				7		5		
1	2					7		
		5						
7	4		3					
		8		4				
	5		2					

NO.882

		4	9					
				1	6		8	
			8					
7			4			8		
					3	7		2
9						6		
5								
						3		
6								

NO.883

				1	5		4	
		3						
6								
1							7	
		2	6					
	9			7				
	4		3					
		2		4				
	2		8					

NO.884

			4	6				
					2			
			2					
	2				3			
						3		
6		9		7		1	5	
							7	
	1	7	9					

NO.885

4								1
	8			3				
		7						
			7	9				
				5		3		
					4			
		8						9
6		8		1				3

NO.886

	7		3			8		5
		3			8		4	
2						9		
4			6	7				
6	5							
8					3	4		
		1						

NO.887

9		2						
		4		6	7			
		6	5					
		8			3	4		
			1					
8		5		7		3		
	4				3		8	

NO.888

				2				
6			8					
4			7			2		
		5		1				
	3	9						
	2					5		
			4			7		5
				7				
9								

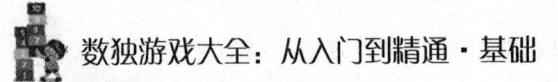

NO. 889

		8			5	3		
					5			
4	6							
			5	7	8			1
				1				
	2	3			6			
8			9				3	

NO. 890

				1		6		8
					2			
								1
		9						
2	3						5	
	7					5		
		1			9			5
		6	5					
						8		7

NO. 891

				5			2	
2		9				5		3
				8				
			1	7	3			
					9	4		
9							5	
	4	8				1		

NO. 892

5			4					
3		8				2		
1			7		6			
		4		2				
	2							9
								7
8					5	7		
								3
								1

NO. 893

3			8					
							1	3
	7	9						
2		5	7	9				
				6	8			
			2					
		6		3	8			
5				4				

NO. 894

	3		9			5		
1								
			6					
		4		5	8			
8						2		7
			4				3	
1					7			
			2					
3								

56

NO. 895

		1	4		6
				5	
3			2		
	5		8		
					7
			3		
9	7				
	7	9		2	
	8		6		

NO. 896

			7		
1	3				4
				8	
	7				
	8			6	1
9				2	
	5		4	1	2
4		1			
					5

NO. 897

			3		1
		8			6
7			2		
1	5				9
		3		1	
2		8	7		
		7			
	1		4		3
	6		9		

NO. 898

4				2	
		2		5	6
1	7				
	1				
		3			
3	5		7	6	
		2		8	
			8		9
	6		3		

NO. 899

	9		7		
6		9	5		
	3			8	4
		7	3		
	8			2	7
8			4	2	
	5				
	4			1	

NO. 900

				2	7
9	5		7		
		4		1	
				9	1
3	6	4			
	4			8	
1	7			5	
			3		6
	9				

NO. 901

			6		3		1	
	3	6						
						7		
8			1					
		9		2	5			
3			9			4		
	1		7					
	5			4		9		
				6				

NO. 902

8		5	9					
		6						4
			3		1			
5								7
			6		9			5
				6				
	8						4	
	7		4	1				

NO. 903

		2			5			
	2			4				
		3	5					
		6	1		7		4	
4		9						
					9		1	
	6							
				6		3	5	

NO. 904

					3			
	3						8	
	5			4	9		7	
			6		1			
8								3
			5		7			8
	4						2	
			2			4		

NO. 905

	6							
	8		2	3				
						7	2	
					2			
	6		7	5				
		8			4		5	
				6				
			7		1	9		3

NO. 906

								6
2								
			1					2
		5		8		4		
	1		4		2			
				3			7	
						3		
		3						
7						4	5	

第二部分 数独游戏规则、解题方法与谜题（续）

NO. 907

			3		8			
	9							
5								9
	6			7				
2		7						
	8							
					6			
6		3	7					
					5	4		8

NO. 908

								7
			7					
7						4		5
1								6
2			4		5			
		5		8		2	3	
			3		2			
				4				

NO. 909

		6	1		7			
			2		4		5	
2	3			5		8		
					3		2	
						4		
			7					
4		5	7					

NO. 910

3	6			7				
			2		6			
		5		8				
			8				4	
			7					
4						3		5
9	8							3
			5					

NO. 911

	3		6		2			
				7	3		8	
1					4			
5								
					7			
4								
		6	1					
			9	4	2			
			2					

NO. 912

		9	5		6			
						4		
				3	9			
4								8
	3						1	
	7						6	
8		6						
2							8	

59

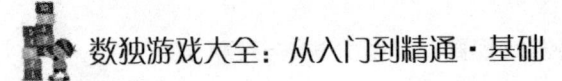

NO. 913

	8			7				
					7			
4		1		3		9	5	
						3		
	9	3	1					
		6	4					
				8				
		7						

NO. 914

			3	1				
				5		7		
					6			
		2						1
4		2			9			7
6								9
	2			7				
	3							

NO. 915

7			2		5		3	
		2		6				7
			1		8			
4	3							
3				7	4	5		
	7	6			2			
								9

NO. 916

8							1	
6			4	3				
4	5							
2				7	6			
			9					
	3		7			2		5
		7			2		6	

NO. 917

	5			9				
	7	1						
	8				5			
			6		3		5	
				3				
	1							
				8				
4		2						
6		3		8				

NO. 918

	6	4						
			5	3	2			9
				9				
	8	7				4		
2			1				7	
		2			5	7		
						5		

NO.919

	1							
8	7							
	3				5			
		9		1			5	
		4	5					
					2		3	
			9		4			2
					8			
								9

NO.920

				8				
			1	7	3			
						9	4	
9							5	
4	8					1		
				5				2
2		9				5		3

NO.921

		4		7	2			
5				6				
7			2					
						9	7	
	3	1						
8			5	3	1			
					4	2		
			8					

NO.922

2					7			
				9	7			
						3	1	
5	3	1			8			
			4	2				
4		7	2					
	6				5			

NO.923

	6		5	2				
2					8		3	
		6				7		
9			3					
	8							
7								
	7	1		5				
9								
		4						

NO.924

		5				2		
							3	
						7		
1	3							
		3	1			8		
	2			4				
	9		6			4		
				5				
7					8			

61

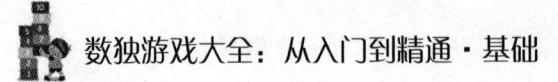

NO. 925

				3				
	9		7					6
					2			
			3					
			2		4	9		
	1				8			
		5		6		9	8	
	6	9						
					5			

NO. 926

				7			9	
			2				4	
3				8				
9	5						1	
			7			9		
8		2		3				
		3						
		9			6		7	
		4		1				

NO. 927

	6			8				
			8		5	4		
9		3						
	9							
			7					
7	5		3		4			
		8		2				
				2		1		
		4		7				

NO. 928

	1		3					
4		1		5				
	7				2		6	
			3	7				
	2					8	3	
2				6	8			
	5							
	6					9		

NO. 929

				8		3		
1	5		3					
			6		9			
				1		9		
7	4		6					
		6			2			
	9		3		5			
				7		4		
			1					

NO. 930

			4		7		9	
	7	4						
						3		
2		9						
	1			8	5			
7			1			6		
	9		3					
	5		6	1				
				4				

NO.931

2		5	1					
		4						6
			7		9			
5								3
			4		1			5
				4				
	2					6		
		3	6	9				

NO.932

			8				5	
	8				6			
		7	5					
		4	9			3		6
6		1						
						1		9
	4							
					4		7	5

十四

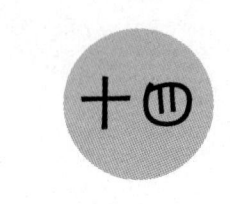

九字（9×9）"王"字数独

(NO.933~NO.1030)

九字（9×9）“王”字数独的规则和解题方法

1.“王”字数独的规则

（1）每行9个小方格中的数字，1 ~ 9不重复；

（2）每列9个小方格中的数字，1 ~ 9不重复；

（3）9个3×3九宫格中的数字，1 ~ 9不重复；

（4）两条对角线小方格中的数字，1 ~ 9不重复；

（5）四条折断对角线小方格中的数字，1 ~ 9不重复；

（6）1个9格“王”小方格中的数字，1 ~ 9不重复（图14-1）；

（7）1个5格“王”小方格中的数字，1 ~ 9不重复（图14-2）；

（8）9个7格“王”小方格中的数字，1 ~ 9不重复（图14-3、图14-4）。

[2]	9	7	5	[8]	4	3	1	[6]
3	1	6	2	9	7	5	8	4
5	8	4	3	1	6	2	9	7
9	7	2	8	4	5	1	6	3
[1]	6	3	9	[7]	2	8	4	[5]
8	4	5	1	6	3	9	7	2
7	2	9	4	5	8	6	3	1
6	3	1	7	2	9	4	5	8
[4]	5	8	6	[3]	1	7	2	[9]

图14-1 1个9格“王”

8	1	3	5	2	6	7	9	4
7	9	4	8	1	3	5	2	6
5	2	⑥	7	⑨	4	⑧	1	3
1	3	8	2	6	5	9	4	7
9	4	⑦	1	③	8	②	6	5
2	6	5	9	4	7	1	3	8
3	8	①	6	⑤	2	④	7	9
4	7	9	3	8	1	6	5	2
6	5	2	4	7	9	3	8	1

图 14-2　1 个 5 格 "王"

2. 解题方法

解数独 "王" 时要使所填数字满足上述 8 个性质。

说明：①"王" 字有 9 个关节点，3 横有 3 个起始点和 3 个终止点，1 竖与 3 横有 3 个交点。9 格 "王" 是指每横占 9 格，1 竖也占 9 格（每个数独 81 个小方格中只有 1 个 9 格 "王"）。所谓 9 格 "王" 1～9 不重复，是指 9 个关节点所在的 9 格中数字 1～9 不重复。

④	3	6	②	9	1	⑧	5	7
7	8	5	6	4	3	1	2	9
9	1	2	5	7	8	3	6	4
①	2	9	⑦	8	5	⑥	4	3
3	6	4	9	1	2	5	7	8
8	5	7	4	3	6	2	9	1
⑤	7	8	③	6	4	⑨	1	2
2	9	1	8	5	7	4	3	6
6	4	3	1	2	9	7	8	5

图 14-3　7 格 "王" 之一

6	⑦	4	8	①	9	2	⑤	3
3	2	5	4	6	7	9	8	1
1	9	8	5	3	2	7	4	6
9	⑧	1	3	②	5	4	⑥	7
7	4	6	1	9	8	5	3	2
2	5	3	6	7	4	8	1	9
5	③	2	7	④	6	1	⑨	8
8	1	9	2	5	3	6	7	4
4	6	7	9	8	1	3	2	5

图 14-4 7格"王"之二

②5格"王"是指每横占5格，1竖也占5格（每个数独81个小方格中，只有1个5格"王"），9个关节点所在的9个小方格中的数字1~9不重复。

③1个数独81个小方格中，共有9个7格"王"，如在图14-3、图14-4中，7格"王"的9个关节点，在各自所属的9个九宫格内同时向右或向下方移动1格，可得9个7格"王"。组成7格"王"的9个关节点小方格中的数字1~9不重复。

NO. 933

	3			5				
						2		
1				9				
		4				6	5	
	9							
				3	2			
8		2		4		5		

NO. 934

					9			
7	9			1				
							6	
				4				
						3		
		2						
			8		5			
	8					7		
6				4		2		

NO. 935

		5		8				
	7		3			4		
			4		3			
					1			
		8	2					
			2					
				6		9		
6					1			

NO. 936

								1
5				1				
2								
					7			
		8				2	5	
	3		1					
6								
						4	7	
8		4		6				

NO. 937

	8		6					
	5		3		9			
				2				
		4			5	8		
2	7							
			6					
					9			
3	9		4					

NO. 938

						4		
2				4				
1								
						9	5	
	7		6					
						1		
		6			2		8	
3	6		8					

68

第二部分 数独游戏规则、解题方法与谜题（续）

NO. 939

		8		6				
1								
5		9						
		2						
						8	9	
	3		7					
			4					
		4						
	4		2					
				6				

NO. 940

	7							
	9						4	
			8			3	5	
				6				
6							4	
1				8			7	
		9	7				1	
		9			5			

NO. 941

		7					5	
	6	5						
			6	3	9			
			4	9				
3	1							
		2				1		
				1				
		4	2	3				

NO. 942

				4	6			
4			7	3				
						9		
				1				
5		8						
	4							
				6		9		
1				2				

NO. 943

				9				
	6		5					
				6				
	3		2					
6	7			4	8			
		9						
4		1						
				1				

NO. 944

							7	
			5			8		
		8					5	
		3					9	
1		9						
				7		6		
					6			
3					5			
		4						

NO. 945

9								7
			1		8			
							6	
				8		3		
		9		5		3		
					1			
5			2			4		
				9				5
6						1		

NO. 946

			5		4	1		
	1							
	5		8	1			9	
2		9						
	7						2	
			6		9			
	3							4
			5		3			

NO. 947

9		2						
	6		3				4	
				9				
				4				
		5				2		
				9				
	5		7					
	3	8				1		
				6			7	

NO. 948

1								
	4					5	7	
				5			2	
8	7							
		1	6		3		4	
						8	1	
	6						9	
								3

NO. 949

9			8				1	
		6		5				
	6		9		3			
	9	4				8		
				1				
	5			8				
			9	4				
4			3			2		

NO. 950

			8					5
9	4							
	3				2	4		
			8			1	9	
6		5						
	9		3					6
				8			9	4
		1						

NO. 951

			7					
	6					4		
5				2				
		2			5			
		7			9			
			4		6			
	3				1			
			9	3				

NO. 952

			5					
	4						7	
				8				
					3			
3						6		1
			8					
			5	1				7
	6					4	9	

NO. 953

			4		1			
8			9					
	9							
		2		8				
	6	3						
			1					
			5		4			
9	5		2					
				1				

NO. 954

			1		2			
	4		5				1	
8								
	7		8					
		9	5		6	1		
2								
		6		9				
				9				

NO. 955

9			8					
				5				
	5		3					
2	6		5					
	1	8		6	7			
3			2					
	7	1						

NO. 956

1			7					
	8		3					
	4	9						
5		2						
			9					
2		8						
	5							
5	7	4						
	3							

NO. 957

				8				2
				3	5			
		9						
			2			7		
5						6		
3								
	2							
	7			1	5			
1				7				

NO. 958

				5	7			9
						8	3	
		1						
				8				
							9	
2							5	
	7							3
	5		3	4		2		
8								

NO. 959

9				2				
		1				7		
				8				
	6							
					5			
1				6				
			7				8	
	4		8	5				
	5							

NO. 960

1					9			
			4				6	5
		9						
						3	2	
8		2			4		5	
	3			5				
						2		

NO. 961

			4					
				3				
	2							
		8		5				
		8			7			
6			4		2			
				9				
7	9		1					
					6			

NO. 962

			4		3			
						1		
		8	2					
	2							
					6		9	
6						1		
		5		8				
7			3					4

NO. 963

			7					
	8				2	5		
	3		1					
	6							
				4	7			
8		4	6					
								1
	5		1					
	2							

NO. 964

				2				
		4				5	8	
2	7							
					6			
							9	
3		9			4			
	8		6					
	5		3		9			

NO. 965

			9	5				
	7		6					
					1			
		6		2		8		
	3	6	8					
			4					
2			4					
1								

NO. 966

							8	9
3			7					
			4					
		4						
4			2					
						6		
1		8		6				
5	9							
		2						

NO. 967

	8		3	5				
		6						
6				4				
1		8			7			
	9	7		1				
	9		5					
	7							
	9		4					

NO. 968

			1					
4		2	3					
7		6	5					
					6			
6	3	9						
4	9							
9			3	1				
		1						

NO.969

	2				3			
		4	8		6	7		
9								
				4		1		
		1						
			9					
	5					6		
		6						

NO.970

					4	5		
	2			4				
3		5	1					
				9			7	
			2	7				
				1				6
	5					3		

NO.971

	3						9	
1		9						
				7		6		
					6			
	3				5			
		4						
						7		
			5			8		
		8					5	

NO.972

					7	9		
1		8						
				6				
	8							
5		3						9
	1			7				
2			4			5		
9					5			
			1			6		

NO.973

1				5		4		
		1						
	9		5		8	1		
		2		9				
	2		7					
					6		9	
	4			3				
3					5			

NO.974

2					9			
3			4		6			
	9							
4								
		2						5
	9							
7					5			
			1			3	8	
6			7					

NO.975

8	7							
		1	6		3		4	
				8	1			
	6				9			
							3	
1								
	4			5	7			
			5			2		

NO.976

	8				1	9		
6		5						
		9		3				6
					8		9	4
			1					
		8						
9	4							
	3					2	4	

NO.977

8				5				
					9	4		
	2	4			3			
	1	9			8			
					6		5	
3				6		9		
	8		9	4				
								1

NO.978

		2				5		
			7			9		
				4			6	
	3							1
					9		3	
				7				
	6						4	
5					2			

NO.979

			3					
3					6		1	
		8						
	6			4	9			
		5	1			7		
		5						
	4				7			
			8					

NO.980

		3				8		
			2			9		
				2				
	5					7		
			9		5			
		4						
1							6	
		6	3					

NO. 981

6		4		8				
					8		1	
		7						
			2	1		5		
	4					3		
	9				5			
			7					

NO. 982

5								
		8				3		
				2			9	8
1								
6	5						7	
					8			
				2		5		
	1					6		
			9					

NO. 983

				8				
8		1						
								2
			7	1				
5	4			2		3		
			5		9	4		
	9					5		
			2					

NO. 984

		6		9				
		1				2		
							1	
8			2					
	7							
		9						
		5		6				
	8					1	5	
						9		

NO. 985

				8				
4		1						
			1					
	9		8					
	5			9		6		
				2				
	2				3			
5			4	9				1

NO. 986

		2				1		
				5				
5				7				
			5				8	4
2				4	3			9
			8			7		
	9						3	

76

NO. 987

5								
	6						5	3
	7							
		3			9			
2			7					
6	1							
	8							5
			1					
		2			8			

NO. 988

		2			8			
			7	5				
								1
8			3					
				4		5		
						7		
			2				8	
9	5						3	
			3			9		

NO. 989

			7		3			
7	6		8				5	
					2			
	5	3		1				
		2	7					
								9
2								
		1						
		5		8				

NO. 990

3				2				
2	5					6		
							5	
		8			1			
			3					9
	2							
						4		
		5						
	4			9				

NO. 991

			7		5			
8								
	9				1			
	4	5		6				2
		1						
7	8							
	5	2	8		6			

NO. 992

		6						
			7					
							8	
2		5						
			3				2	
	6	8		4				
	1							
9					3	1		
	4							

NO. 993

	6		7					
			9					
	8						2	
8								
	4		1					
		9		4				
5	2							
	7			6		3		

NO. 994

				9				
	9						5	
							8	
		3						
				8	5		2	
		9					7	
						4		
			9	3				
6		4			2			

NO. 995

		8						
6			5	2				
					8	3		
	4							
			1					
	6			7		1		
	4				2			
	7		1			5		

NO. 996

			6					
	6					8		
						9		
			1	5				
	4						3	
				9				
4		8		2				
2							7	4

NO. 997

			2	1				
	3				7			
	6							
6								
	8				6			
			4					
2		4		9				
				5		1		
8								

NO. 998

1								6
		7	9					
			9			8		
	9							
8	7						6	
		5			3			
				4		5		
7	1							4

NO. 999

	9							
8	7						6	
		5			3			
			4		5			
7	1						4	
1							6	
			7	9				
		9			8			

NO. 1000

			1				4	
				9				8
	4							6
				6			3	7
	1							
9								
				5		4	2	
					6			

NO. 1001

					1			
		6		9				
9								
	1							
		4		5				
							4	
		7		8				
6	2	4	3					

NO. 1002

4								
5			7					
						6		
	3							
2						5		
	5			2				
	1		7					
		9		1				
4							3	

NO. 1003

					1			
5		6	9					
	2	1		7				
			1					
		4		2				
					8			
	9	5		8				
		3	6					

NO. 1004

8		6		5				
1			5					
		9		4				
			3	1				
9	2							
			4					
2								
5	7				1			
9		3						

NO. 1005

	5		2	9			1	
8		1						
	3						8	
			4	1				
		7						6
				5		7		
			5		6	9		
	9							

NO. 1006

	3						5	
				9			7	2
	4				3			
8						1		
7				6			4	
	1							
	6							
			8					5
			1					

NO. 1007

	2	9						
			1			4		
				7				
				9				
		5	3			6		
	5			8				
				2	3			
4		7		6				9

NO. 1008

	1	6					2	
					9			
		5				2		
			1	6				
6				7				8
1				2				9
		4		5				
		4	1		7			

NO. 1009

	9		6					
	4	3	8		9			
			5					1
8				3				
					8			
		2	1					
		4	9					
					9			
5					6		4	

NO. 1010

5					8			
1					3			
		4					6	
		9		7				
7							1	
							3	
		6		4				
			5					8

NO. 1011

	7							
		4		9	7			
							2	
5	9			3				
		6	1		4			
								5
		3			6			
	2							

NO. 1012

						6		
	4			9				
							4	7
2					7			
1						8		
							8	
	3			5				
5							1	

NO. 1013

	5			1				
					3			
		4		6		2		
2		9						
				3				
		5				8	9	
	7			6				

NO. 1014

		5				8		
	4			9				
							1	
			5					
7					2			
1	2					8		
			9					
	3		4	5				
							2	

NO. 1015

							2	
	2		9					
	8							
					3	9		
	7		5	6			8	
1	6				5			
	5		1					
					8			

NO. 1016

					5		4	
9	5			2				
							1	
					4			1
8					9			
	9							
			2			8		
			6		3			
						1		

NO. 1017

8								
	7			8				
		9	5			6	1	
2								
			6		9			
						9		
				1			2	
	4			5				1

NO. 1018

	7			1				
9					8			
							5	
							3	
	2	6				5		
		1	8				6	7
3					2			

NO. 1019

			5					
	5	7		4				
				3				
1					7			
			8				3	
			4	9				
		5		2				
							9	
2					8			

NO. 1020

	2						8	
	7			1	5			
1						7		
					8			2
						3	5	
		9						
			2				7	
5							6	
3								

NO. 1021

	7							6
	9							
					2		8	
						8		
	1							4
9			4					
						5		2
		6		3			7	

NO. 1022

								3
	8	5			2			
					7			9
				4				
	6	3						
			2			6		4
		9						
				5			9	
				8				

NO. 1023

								8
	5	2				6		
				8	3			
								4
	1							
			7		1			6
			2		4			
1			5			7		

NO. 1024

1	5							
				3			4	
			9					
8		2				4		
					7	4		2
6								
					8			6
					9			

NO. 1025

	2	1						
			7			3		
							6	
					6			
			6			8		
		4						
4			9		2			
			5		1			
					8			

NO. 1026

	3							
1							6	
		2				7	5	
				4				
4								6
9					2			3
			1	3				9
		1				5		

NO. 1027

		3				5		
	4		5					
			4	7	1			
				6	1			
7		8						
		8				9		
					9			
		6		8	7			

NO. 1028

					6		4	
	6			3	7			
							1	
						9		
	5			2				
			6					
						4		1
9						8		

NO. 1029

					1
	4		5		
				4	
	7		8		
4	3			6	2
		1			
6		9			
				9	

NO. 1030

					3
		5	2		
	2				5
		7			1
9	1				
			3	4	
			4		
7			5		
	6				

十五

九字（9×9）中心对称互补数独

(NO.1031~NO.1130)

九宫（9×9）中心对称互补数独的规则和解题方法

1. 中心对称互补数独的规则

（1）每行9个小方格中的数字，1~9不重复；

（2）每列9个小方格中的数字，1~9不重复；

（3）9个3×3九宫格中的数字，1~9不重复；

（4）两条对角线小方格中的数字，1~9不重复；

（5）四条折断对角线小方中的数字1~9不重复；

（6）中心对称互补，见图15-1，即当中央格为5时，经过中央格引各条直线，直线上以中央格为对称点的两个小方格中的数字互补（即两数之各为10）。

2	4	3	5	1	9	8	7	6
1	9	5	7	6	8	4	3	2
6	8	7	3	2	4	9	5	1
7	6	8	4	3	2	1	9	5
3	2	4	9	5	1	6	8	7
5	1	9	8	7	6	2	4	3
9	5	1	6	8	7	3	2	4
8	7	6	2	4	3	5	1	9
4	3	2	1	9	5	7	6	8

图15-1 以中央格为以对称点（5）引的各条直线上对称的两格中的数字互补

2. 解题方法

解中心对称互补数独必须满足上述6个性质。由于这类数独题给出的数字较少，应该先运用对称互补的性质求出相对称的数字，然后再运用其他各个性质进行灵活交叉解题。

如图15-2所示，图中已给出数字1、2、3、6、8、9几个数字，根据中心对称互补数独的性质，当中央格为 5 时，经过中央格引各条直线，直线上以中央格为对称点的两小方格中的数字互补，则相对应的各圆圈中的数字分别为 9、8、7、4、2、1。

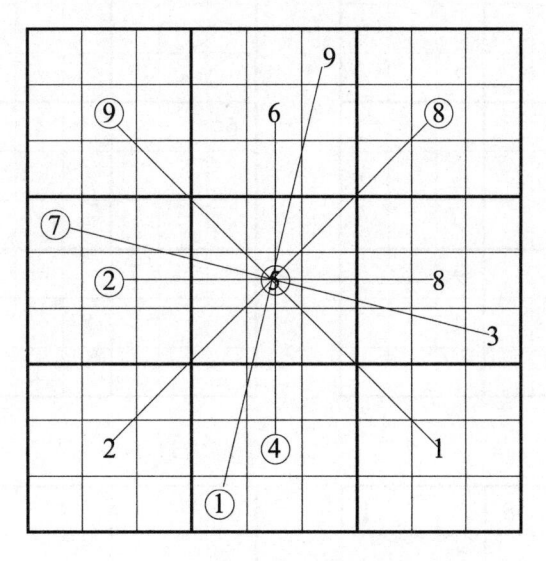

图 15-2　中心对称互补数独的解题方法

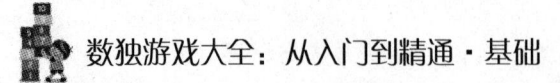

NO. 1031

4								8
	3							5
					7			
			3					
			○			3		
	8				9			
			6		4			
		1						

NO. 1032

8		4						1
1								
	6			4			3	
				○	7			
						8	1	
		7				4		
				8		4		
			3					

NO. 1033

6				8			1	
			7		2			
	2							
		9					6	
		8	○		4			
	5		7					
	3				9			
				1				

NO. 1034

								1
		9			4	7		
			8					
	3		○		6			
								3
8			5	3				6

NO. 1035

8			3				6	
	2			3				
3	5	2		9				
9			○		4			
			4				7	
	2							
			4		9			

NO. 1036

6			9					
				8	2			
			5					
5	8							9
		7	○		4			
		3		1	6			
					3			
2	5		7					

第二部分 数独游戏规则、解题方法与谜题（续）

NO. 1037

NO. 1038

NO. 1039

NO. 1040

NO. 1041

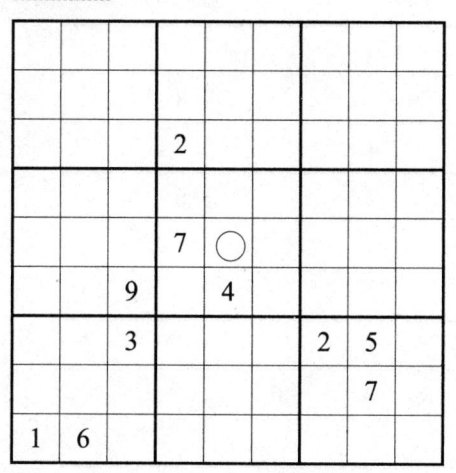

NO. 1042

NO. 1043

8								
					5			
		3	4		9			
	2							
3			○		2	4		
		2		3				
				4				
6				9				

NO. 1044

		5					9	
8							4	
					1	7		
		8	3					
2			○	6			7	
		9			8			
						5	3	
8								

NO. 1045

2								
				8				
	8	7						
		5						
7	8		○	6				
					6			
	7	1	6				9	
4								

NO. 1046

						2		
	2	4					9	
							5	
7				4				
			○	1				
2								
				7				
				7				

NO. 1047

	9				3	1		
			3					
		1		7	6			
				2				
			○	7	6			
		6		9				
						2		

NO. 1048

2								
	7					8		
		4						
	7				6			
			○					
8						6	1	
	5	1						
	8		6					
7								

第二部分 数独游戏规则、解题方法与谜题（续）

NO.1049

		1		7	
9				3	2
		○	6	7	9
			6		
			1		
	3			6	
					2

NO.1050

	8	3			
					3
		6			
8		○			
6	1		9		
		8			3
	5				
9					6

NO.1051

2				8	7
		8			
	5	7	8		
		○	6		
				6	
	7	1		4	
	6				
					1

NO.1052

9					
			3	1	
3	1			7	6
		○			
2		7	6		
		6			
		9			2

NO.1053

2		7			4
		8			
	7		8		
	6	○			
				6	1
	5	1	8	7	
			6		

NO.1054

		8		6	
3	8				
		○		6	9
	3				
8			5	1	
1	3				6

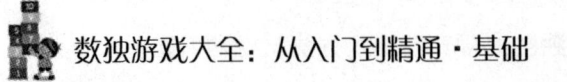

NO. 1055

1								
		9						
			○		4			
	7							
		3						
7		4	8	3		1		
9				4				8

NO. 1056

8							1	
			1	6	2			
			7	○		6		
				7				9
	7							
4		8		1			6	3

NO. 1057

1		7		8				
		9						
			○	3		4	1	
	7			4				
	9	3						
		4						
								8

NO. 1058

				8				
3							6	
				3				
			8			6		1
			○				9	
				6				
					5			
8								
		3						6

NO. 1059

			1					
8			7		6			
	4							
		6	7	1				
		○						
			1		6			
		2			9			
	7							
	8				3			

NO. 1060

	1							
		9				7		
			○					
			4					
3	7		4	9				
	8	3				4		
	1						8	

NO. 1061

		8						
	1						4	
1	6	2	7	○				
		6						
				7			8	
	7					1		
		9				6	3	

NO. 1062

	7					2		
	2							7
					7			
2			○					
							5	
				4				
4				1		9		

NO. 1063

				1				
				7				
9								
		○	6					
3	2		7	9	6			
		3						
1			6				2	

NO. 1064

		8			4			
1		7						
		6						
	6	7	○			1		
1						6		
			7			8		
2								
	9					3		

NO. 1065

	1	7		9				
		8						
			7					
	○	3		4				
		4	1					
9	3		4					
				8				

NO. 1066

6			2	4				
2				9		5		
7				2				
		4	○	1				
7								
9				7				

93

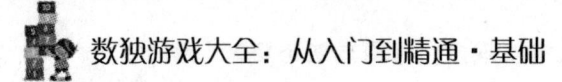

NO.1067

	2					6		
					3	2		
			9	3		1		
			4	○				9
			8					
				4				
9						4		
					1		7	

NO.1068

					8			
						3		
								2
			○	7		8		
	9		2	6				
		9						
					6			1

NO.1069

				9				
		9		4		3		
				8				1
2			3	4				
			○					
				3				
				6				
					9	4		
				2		7		

NO.1070

6	7						2	
2								7
				2				
			7	○	4			
					5			
				4				
		4			1			
				9				

NO.1071

8			4			1		
						4		
				2				
						8		
		7	○			1		
			8					
		5						
			5					

NO.1072

		5		6				
							6	
		5				8		
9			○			3		
	3					8		
			8					
							9	

第二部分 数独游戏规则、解题方法与谜题（续）

NO. 1073

				8	
9					
		8	1		
			3	2	
	2	4 ○			
				3	
3			4		

NO. 1074

3			4		
		3			
				1	2
	5				
		○	6		8
		1			
		2			
			3		

NO. 1075

1					2
	2		5		
			6		
	3		8		
	1	7 ○			
				6	

NO. 1076

2				1	
5				3	
		7			
	4	○		2	
		8			
3	8	9			

NO. 1077

	9			6	
	4	○		2	
	6	3			
7					
1					
		9	2		

NO. 1078

				6	
		9			
		3			
4		○			
	6			2	
				2	
		9			
1	7				

95

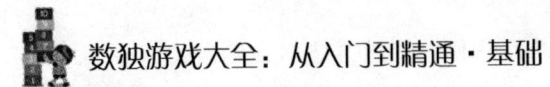

NO. 1079

4								
					5	2		
		9						
7			○		9			
6		4						
			4					
1				8				

NO. 1080

	9		8					
						5		
			1					
			7					
			○				7	
				6			8	
					6	9		
3			8					

NO. 1081

						9		
						6		
	8	7						
			8		5			
			○	4				
				7	1			
			6					
		2						
				1				

NO. 1082

3		1						
						1		
6								
			1	8	7			
			○					
						1		
	6		8					
			5		6			

NO. 1083

9				3		6		
	5		2	7				
2							4	
				9				
			○		4			
		7						
8								

NO. 1084

		8			6		3	
	4					8		
		9						
			○		3			
					9			
			3	8				
				9				

NO. 1085

	4	7						
				1				2
		8		4				
					1			
			○		3			
9	5							

NO. 1086

		5						
				7				8
	4	2						
			9					
1			○		7			
			6					
		4						
								2

NO. 1087

1					8			
			7	5				
				6				
	3							
2	1		○					
				2				
					6			

NO. 1088

3								
								3
						1		
				2				
		3	○			8		
			1		2			
	5							
		1	6					

NO. 1089

				8	3			
9			4					
	3		1					
	2		○					
		8						
				2				
6			4					

NO. 1090

		5				8		
	9						3	
			8					
			○		6			
3								
5	6							
								8
			8					

NO. 1091

		4			
			8		
3				1	
	2		○	4	
					8
	7	5			
4					1

NO. 1092

		5	7		
		3		9	
3		○		1	
				3	
	4				2
9	8				

NO. 1093

3		9			
			3		2
	7				
	1	○		4	
			9		
	4			2	
	6				

NO. 1094

			6		
7				9	
		2			
			4		
	○		8		
			4	3	
		9			
6			1		

NO. 1095

	7		5	9	
	6	9	4		
			4		
9		○	2		
2			8		

NO. 1096

		8	7		
				5	6
9				6	
		○			9
	3		8		
					8
			7		

NO.1097

	2							
	3							
				8				
		2						
			6	4				
				3				
				9				
1	4		5					

NO.1098

7		4						
							4	
9								
			9			2	5	
			2					
			3				4	
	9							

NO.1099

9			6					
			9					
				7				
		2	5	7				
			4					
2					4			
8								

NO.1100

			6			8		3
		3		8				
			4		8			
		3						
							9	
			9					
				9				

NO.1101

		4		7				
				1				
9		5						
			1		2			
			3					
		4		8				
7								

NO.1102

8	5							
					9			
						8		
			7					
		7	1					
	2	6	4					
		6						

99

NO. 1103

	1				8	2		
			3					
		2						
		5		7				
	2		1	○				
						6		
		6						

NO. 1104

3								
							2	
				5				
								3
	3			○	8			
	1			6				
						1		
			2		1			

NO. 1105

		8		3		4		
					2			
9			4					
		2	○					
	1			3				
	8							
					4			

NO. 1106

5				8				
							8	
	6		5					
			9		3			
		6	○					
			3					
		7		8				

NO. 1107

	4							
	1							
				8		4		
		4	○					
		7	1	5				
			8					
	2							
						2		

NO. 1108

	5		7				1	
		1	○				8	
		4		2				
						3	9	
		3						
						8		

第二部分 数独游戏规则、解题方法与谜题（续）

NO. 1109

	9							
					7			
	8			○		1		
			4		2			
			3					2
						9		
9		6						

NO. 1110

			6					
							4	
				9				
			7		9			
		8		○				
						2		
		4						3
		1						

NO. 1111

				7	6			
		9			4			
			○		4			
			2			8		
	5		9					
	2							
								6

NO. 1112

	8		7					
						6		
								8
		5						6
				○				9
				7				
1								
						3	8	

NO. 1113

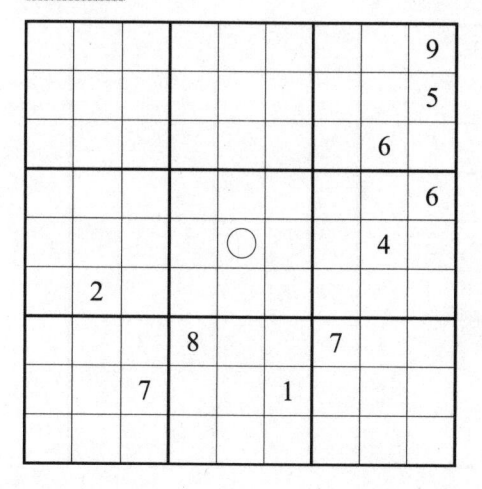

						9		
							5	
					6			
						6		
			○		4			
	2							
		8		7				
	7		1					

NO. 1114

3			1					
			8					
1			7					
		1				8		
			○		6			
6						5		
						6		

101

NO. 1115

NO. 1116

NO. 1117

NO. 1118

NO. 1119

NO. 1120

NO.1121

								6
5		4						
				4				
		5	1			7		
				○				2
2		7						
	2							

NO.1122

			1					
							2	
2					9			
					8			
			6	○				
7		8						
						7		
								6
6								

NO.1123

7								
			7	9				
				9	8			
		5						
			○	4		9		
			2					
	8							
			7					

NO.1124

9				8				7
			8	5			4	
		7			9			
			3	○				
2								
						4		

NO.1125

5				8				
		3						
		9		6				
	3	○			4			
	1	6						
		2					8	

NO.1126

		1						3
						6		
6	5							
			9	○				
	9			7				
3						2		
		8						

103

NO. 1127

		7			
4			7		1
		6			
	2		○		1
		2			
2				1	
7					

NO. 1128

1				8	
			8 ○		4
4	1		6		
		3	5		
			3		
				6	

NO. 1129

7				4	
	9		2		5
		9			
			4		
	2		○		
9					
	3				4

NO. 1130

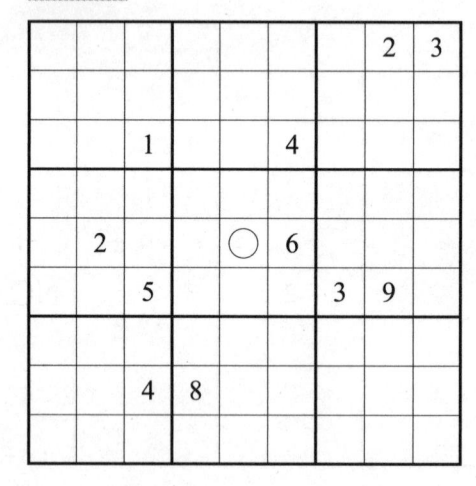

				2	3
		1		4	
	2		○	6	
		5		3	9
	4	8			

十六

九字（9×9）异形数独
（NO.1131~NO.1190）

九字（9×9）异形数独的规则和解题方法

九字异形数独与四字、五字异形数独情况一样，它里面的宫不是或大部分不是正方形的，而是不规则的形状。但是，这些不规则的形状都是由9个格子相连而组成。其中可能是凸多边形，也可能是凹多边形，它们的形状有可能相同，也可能形状完全不同，如图16–1所示。异形数独与常规数独一样，具有以下一些性质。

1. 九字异形数独的规则

（1）每行9个小方格中的数字，1 ~ 9不重复；

（2）每列9个小方格中的数字，1 ~ 9不重复；

（3）9个形状不规则的宫内9个小方格中的数字，1 ~ 9不重复。

		1		2				7
	一		2	9	三	7	四	
2	4	3	二					
						2		
	6		1				8	
五		六	9	7	6		七	
5					1			6
		8					3	
	1		八		5		九	

图16–1　九字异形数独

2. 解题方法

解异形数独方法和解常规数独方法大同小异，不同之处是要特别注意那些犬牙交错的格子，往往这些格子成了解题的关键所在。

以图16–1为例来说明其解法。为了说明方便起见，用一、二、三……九标出了九宫的次序。先看第六宫，在这一宫中，有1、9、7共3个数，这一宫的各格分别处在第四行、第五行、第六行、第七行中都有6,用目的数标线法向这一宫引标线就会发现,它在第五行至第七行的格中都不能有6,所以只有(4,4)格数为6。要找这个6就得注意第一宫、第九宫中与其他宫犬牙交错的数为6的格子。现在再来看第三宫的(3,6)格。在此可用"八缺一"的方法来解。这一格在第三行、第六列、第三宫。从这些行、列、宫中引标线到这个格上。得知第三行有2、3、4,第六列有1、5、6,在第三宫中有2、7、9,所以可排除8个数,得到(3,6)格数为8。同理,用此法可解其他各格数,在此就不详述了。其最终答案如图16-2所示。

8	9	1	5	2	3	6	4	7
1	3	6	2	9	4	7	5	8
2	4	3	7	5	8	1	6	9
7	5	4	6	8	9	2	1	3
9	6	2	1	3	7	5	8	4
4	8	5	9	7	6	3	2	1
5	2	7	3	4	1	8	9	6
6	7	8	4	1	2	9	3	5
3	1	9	8	6	5	4	7	2

图16-2 图16-1的解题答案

NO. 1131

		4	5				1	
			5	3		1		
5	7	6						
					5			
		9		4			2	
			3	1	9			
8					4			9
			2				6	
		4				8	7	

NO. 1132

2		9					8	
6								2
5							9	6
		9		2		6		1
			3	7	9			
	2					4		
						3		
	3	6				9	1	
8	1						5	

NO. 1133

		9	1			6		
	8				4			
2			6					
			2	3	5			
	4			6		2		
		7						
					8	9	7	
		3		5	7			
3				7		6		

NO. 1134

	1					6	4	
		6	5			2	8	
1		8						
				9			7	
			5	3	8			
	6		2		7		5	
2	5							1
7								2
	4					5		7

NO. 1135

	8					4	2	
		4	3			9	6	
8		6	2					
			7			5		
			3	1	6			
		4		9		5		3
9	3							8
5			8					9
	2					3		5

NO. 1136

7							6	
				8			3	
	7		2					4
						6	1	5
2	9					7		
	2			1	9			
1		3					8	
			4		6			1
		2				5		

第二部分 数独游戏规则、解题方法与谜题（续）

NO. 1137

NO. 1138

NO. 1139

NO. 1140

NO. 1141

NO. 1142

NO. 1143

NO. 1144

NO. 1145

NO. 1146

NO. 1147

NO. 1148

NO.1149

NO.1150

NO.1151

NO.1152

NO.1153

NO.1154

NO. 1155

NO. 1156

NO. 1157

NO. 1158

NO. 1159

NO. 1160

NO. 1161

NO. 1162

NO. 1163

NO. 1164

NO. 1165

NO. 1166

NO. 1167

NO. 1168

NO. 1169

NO. 1170

NO. 1171

NO. 1172

NO. 1173

6		8		9				5
			9	7		5		
9		1						
					9			1
	4		8				6	
			7	5				
3					8			4
		6			1			
	8		6		3	2		

NO. 1174

			9					
	1		2		5		8	
2		8				6	9	
				4				
	5		6	1	9		3	
				8				
7		6				4	1	
	2	5		6		8		
				4				

NO. 1175

	2	8	9				5	
			5		3			
1		5						9
		1	2	4				
	3			5		1		
	6							
	1				7	8	6	
	2		4	6				
2			6		5			

NO. 1176

	1					9	6	4
		6	5			2	8	
1		8						
		2		9			7	
4				5	3	8		
		6		2		7		5
2	5							1
7								2
	4	2				5		7

NO. 1177

6			9					
	2				6			
9		1			3		5	
			1	6		4		
1			3	5	8			6
	8		2		4			
3		8				1		9
		5			4			
4				7				3

NO. 1178

9		5				8		
					1		5	
	9		4					6
					8	3		7
4	2				9			8
	4			3	2			
3		5					1	
				6	8			3
		4			7			

NO. 1179

NO. 1180

NO. 1181

NO. 1182

NO. 1183

NO. 1184

第二部分 数独游戏规则、解题方法与谜题（续）

NO. 1185

NO. 1186

NO. 1187

NO. 1188

NO. 1189

NO. 1190

117

NO.629 ~ NO.1190
参考答案

NO. 629

4	6	5	1	7	9	8	3	2
3	1	2	8	4	5	9	6	7
8	9	7	6	2	3	1	4	5
7	3	4	2	9	8	5	1	6
9	2	1	5	6	7	4	8	3
6	5	8	3	1	4	7	2	9
2	8	9	7	3	1	6	5	4
5	4	3	9	8	6	2	7	1
1	7	6	4	5	2	3	9	8

NO. 630

8	3	2	6	9	5	4	1	7
5	7	6	4	1	8	2	3	9
4	1	9	2	7	3	6	8	5
7	4	1	8	2	6	9	5	3
9	6	3	7	5	4	1	2	8
2	8	5	9	3	1	7	6	4
3	5	7	1	6	9	8	4	2
1	9	8	3	4	2	5	7	6
6	2	4	5	8	7	3	9	1

NO. 631

5	6	9	4	2	7	8	1	3
2	3	4	8	6	1	9	7	5
7	8	1	3	5	9	2	6	4
1	5	7	2	8	6	4	3	9
9	4	3	7	1	5	6	2	8
6	2	8	9	4	3	1	5	7
3	9	2	1	7	4	5	8	6
8	7	5	6	9	2	3	4	1
4	1	6	5	3	8	7	9	2

NO. 632

4	6	1	8	9	3	2	5	7
2	8	3	7	5	6	9	1	4
9	5	7	4	2	1	6	8	3
1	3	6	2	7	5	8	4	9
7	9	2	1	8	4	5	3	6
8	4	5	3	6	9	1	7	2
3	7	9	5	1	2	4	6	8
6	1	8	9	4	7	3	2	5
5	2	4	6	3	8	7	9	1

NO. 633

8	6	2	1	9	3	4	5	7
9	4	5	8	7	6	3	1	2
3	1	7	2	5	4	6	8	9
1	8	4	7	6	5	2	9	3
5	7	6	3	2	9	8	4	1
2	3	9	4	8	1	7	6	5
4	2	3	9	1	8	5	7	6
6	9	8	5	3	7	1	2	4
7	5	1	6	4	2	9	3	8

NO. 634

2	9	8	3	7	4	1	5	6
1	4	7	5	2	6	9	3	8
5	6	3	9	1	8	7	4	2
3	5	2	1	4	9	8	6	7
8	1	4	7	6	2	5	9	3
6	7	9	8	5	3	2	1	4
4	8	6	2	9	5	3	7	1
7	2	5	4	3	1	6	8	9
9	3	1	6	8	7	4	2	5

NO. 635

5	4	2	3	1	6	7	8	9
7	9	6	5	8	2	3	4	1
3	8	1	7	4	9	2	5	6
8	1	4	6	5	7	9	3	2
9	7	5	4	2	3	1	6	8
6	2	3	1	9	8	4	7	5
2	6	9	8	3	4	5	1	7
4	5	7	9	6	1	8	2	3
1	3	8	2	7	5	6	9	4

NO. 636

8	1	5	7	2	9	4	6	3
6	7	4	3	1	8	9	5	2
2	9	3	5	6	4	1	7	8
7	5	2	9	4	6	8	3	1
3	4	9	1	8	5	6	2	7
1	6	8	2	7	3	5	4	9
4	2	1	8	5	3	7	9	6
9	8	6	4	7	2	3	1	5
5	3	7	6	9	1	2	8	4

NO. 637

3	9	5	1	7	4	6	8	2
8	1	2	3	9	6	4	7	5
4	7	6	5	2	8	1	9	3
2	8	4	7	3	5	9	1	6
6	5	7	8	1	9	2	3	4
1	3	9	4	6	2	7	5	8
7	4	1	2	8	3	5	6	9
9	2	3	6	5	7	8	4	1
5	6	8	9	4	1	3	2	7

NO. 638

2	3	8	5	4	7	9	6	1
9	4	6	3	1	8	2	7	5
1	7	5	6	2	9	8	3	4
4	1	3	9	7	6	5	8	2
5	6	2	8	3	1	7	4	9
8	9	7	4	5	2	3	1	6
6	8	1	7	9	5	4	2	3
7	5	4	2	6	3	1	9	8
3	2	9	1	8	4	6	5	7

NO. 639

1	4	8	6	7	5	3	9	2
7	5	9	4	3	2	6	1	8
2	3	6	1	8	9	7	4	5
6	9	2	8	4	3	1	5	7
5	7	4	9	1	6	2	8	3
3	8	1	2	5	7	9	6	4
4	2	7	3	6	1	8	5	9
9	6	7	5	2	8	4	3	1
8	1	3	7	9	4	5	2	6

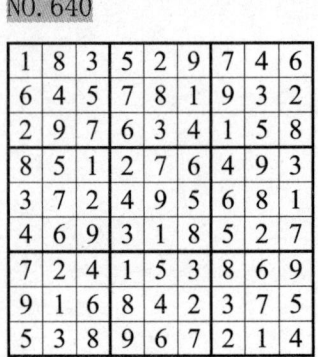

NO. 640

1	8	3	5	2	9	7	4	6
6	4	5	7	8	1	9	3	2
2	9	7	6	3	4	1	5	8
8	5	1	2	7	6	4	9	3
3	7	2	4	9	5	6	8	1
4	6	9	3	1	8	5	2	7
7	2	4	1	5	3	8	6	9
9	1	6	8	4	2	3	7	5
5	3	8	9	6	7	2	1	4

NO. 641

6	4	8	3	5	1	7	9	2
7	1	9	6	8	2	5	4	3
5	2	3	4	9	7	8	1	6
3	5	7	1	6	4	2	8	9
2	8	6	7	3	9	1	5	4
4	9	1	5	2	8	3	6	7
1	3	4	9	7	5	6	2	8
9	7	2	8	1	6	4	3	5
8	6	5	2	4	3	9	7	1

NO. 642

6	5	2	3	8	1	4	7	9
9	8	7	5	4	2	1	3	6
1	4	3	7	9	6	8	5	2
4	9	6	1	3	8	7	2	5
7	1	5	2	6	9	3	8	4
3	2	8	4	5	7	6	9	1
5	7	4	6	2	3	9	1	8
2	3	9	8	1	4	5	6	7
8	6	1	9	7	5	2	4	3

NO. 643

6	2	4	1	3	7	9	5	8
8	5	1	6	4	9	2	3	7
9	3	7	5	2	8	6	1	4
5	8	3	4	9	1	7	2	6
1	7	9	2	6	5	8	4	3
2	4	6	7	8	3	1	9	5
3	1	2	8	5	6	4	7	9
7	6	5	9	1	4	3	8	2
4	9	8	3	7	2	5	6	1

NO. 644

2	7	9	3	8	5	4	1	6
6	5	1	4	7	9	3	2	8
4	3	8	1	2	6	9	7	5
1	6	2	9	3	4	5	8	7
9	8	3	7	5	2	6	4	1
5	4	7	6	1	8	2	9	3
8	2	6	5	4	7	1	3	9
7	1	5	2	9	3	8	6	4
3	9	4	8	6	1	7	5	2

NO. 645

7	4	6	5	2	8	3	9	1
8	9	2	1	3	7	4	5	6
5	3	1	9	6	4	2	7	8
3	6	5	2	8	9	7	1	4
2	7	4	3	5	1	8	6	9
9	1	8	4	7	6	5	3	2
1	5	7	8	9	2	6	4	3
4	8	3	6	1	5	9	2	7
6	2	9	7	4	3	1	8	5

NO. 646

1	8	3	5	2	9	7	4	6
4	6	5	7	8	1	9	3	2
2	9	7	6	3	4	1	5	8
8	5	1	2	7	6	4	9	3
3	7	2	9	5	6	8	1	4
6	4	9	3	1	8	5	2	7
7	2	4	1	5	3	8	6	9
9	1	6	8	4	2	3	7	5
5	3	8	9	6	7	2	1	4

NO. 647

2	5	3	4	7	9	6	1	8
4	6	8	3	1	5	2	9	7
1	7	9	6	2	8	3	4	5
9	4	1	5	8	2	7	6	3
5	3	7	1	4	6	9	8	2
8	2	6	7	9	3	4	5	1
6	8	5	2	3	4	1	7	9
3	1	4	9	5	7	8	2	6
7	9	2	8	6	1	5	3	4

NO. 648

1	2	3	9	4	8	5	6	7
8	5	9	2	7	6	1	4	3
7	6	4	5	1	3	8	2	9
4	3	6	1	2	5	9	8	7
5	9	7	3	4	2	6	1	8
2	7	1	6	8	9	3	5	4
9	4	7	3	5	2	6	1	8
6	1	2	8	9	7	4	3	5
3	8	5	4	6	1	7	9	2

NO. 649

8	2	7	1	6	4	5	3	9
4	5	1	9	7	3	8	2	6
3	6	9	5	8	2	4	7	1
1	4	2	3	9	8	7	6	5
5	9	6	7	2	1	3	8	4
7	8	3	4	5	6	2	9	1
9	3	4	2	1	7	6	5	8
6	1	5	8	3	9	2	4	7
2	7	8	6	4	5	1	9	3

NO. 650

1	9	2	6	4	8	5	7	3
5	4	7	3	1	2	6	8	9
8	6	3	9	5	7	2	4	1
2	7	8	5	3	9	1	6	4
3	5	4	8	6	1	7	9	2
6	1	9	2	7	4	8	3	5
4	3	6	1	8	5	9	2	7
7	2	5	4	9	6	3	1	8
9	8	1	7	2	3	4	5	6

NO. 651

8	3	1	2	9	5	4	6	7
4	5	6	8	1	7	3	2	9
9	7	2	3	4	6	5	8	1
5	1	8	7	6	2	9	3	4
7	2	9	5	4	8	1	6	
6	9	4	1	8	3	2	7	5
2	4	7	5	3	1	6	9	8
1	6	9	4	2	8	7	5	3
3	8	5	6	7	9	1	4	2

NO. 652

8	6	4	1	3	5	2	7	9
9	7	1	2	6	8	3	5	4
3	5	2	7	4	9	6	8	1
7	3	5	4	1	6	9	2	8
6	2	8	9	7	3	4	1	5
1	4	9	8	5	2	7	3	6
4	1	3	5	9	7	8	6	2
2	9	7	6	8	1	5	4	3
5	8	6	3	2	4	1	9	7

NO. 653

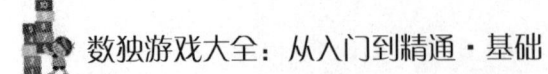

2	6	5	7	8	9	1	3	4
4	3	7	1	6	5	2	9	8
8	1	9	4	3	2	6	5	7
3	5	1	8	9	4	7	2	6
9	8	2	6	5	7	3	4	1
7	4	6	3	2	1	5	8	9
6	7	3	2	4	8	9	1	5
5	2	4	9	1	6	8	7	3
1	9	8	5	7	3	4	6	2

NO. 654

5	6	8	3	9	1	7	4	2
3	4	1	8	7	2	6	5	9
7	9	2	6	5	4	3	1	8
1	8	3	5	6	9	2	7	4
4	7	6	1	2	3	9	8	5
9	2	5	7	4	8	1	3	6
8	1	9	2	3	5	4	6	7
6	5	4	9	1	7	8	2	3
2	3	7	4	8	6	5	9	1

NO. 655

3	6	4	9	5	2	8	1	7
5	2	8	1	4	7	3	6	9
9	1	7	3	6	8	4	2	5
2	8	5	4	7	9	6	3	1
1	7	3	8	2	6	9	5	4
6	4	9	5	1	3	2	7	8
8	5	2	7	3	4	1	9	6
7	9	6	2	8	1	5	4	3
4	3	1	6	9	5	7	8	2

NO. 656

9	2	7	6	4	3	8	5	1
8	1	3	5	9	2	6	4	7
4	6	5	7	1	8	2	3	9
6	4	9	3	8	1	7	2	5
5	8	1	2	6	7	3	9	4
7	3	2	4	5	9	1	8	6
3	5	8	9	7	6	4	1	2
2	7	4	1	3	5	9	6	8
1	9	6	8	2	4	5	7	3

NO. 657

3	5	2	7	4	9	6	8	1
8	6	4	1	3	5	2	7	9
9	7	1	2	6	8	3	5	4
1	4	9	8	5	2	7	3	6
7	3	5	4	1	6	9	2	8
6	2	8	9	7	3	4	1	5
5	8	6	3	2	4	1	9	7
4	1	3	5	9	7	8	6	2
2	9	7	6	8	1	5	4	3

NO. 658

3	7	2	9	6	1	8	4	5
6	9	1	4	5	8	3	7	2
5	4	8	7	2	3	1	6	9
9	2	6	1	4	7	5	3	8
7	8	4	5	3	9	2	1	6
1	5	3	8	2	4	9	7	7
8	6	5	3	7	4	9	2	1
4	1	7	2	9	5	6	8	3
2	3	9	8	1	6	7	5	4

NO. 659

5	9	8	6	4	2	3	7	1
7	4	3	5	9	1	6	8	2
2	1	6	3	7	8	9	5	4
3	5	4	8	2	9	1	6	7
1	8	9	4	6	7	5	2	3
6	7	2	1	3	5	8	4	9
9	3	5	2	8	4	7	1	6
4	6	1	7	5	3	2	9	8
8	2	7	9	1	6	4	3	5

NO. 660

3	5	7	1	8	4	2	9	6
2	4	8	6	9	3	5	1	7
6	1	9	7	5	2	4	8	3
8	3	5	4	6	9	1	7	2
7	9	2	8	1	5	3	6	4
1	6	4	2	3	7	9	5	8
4	7	1	5	2	8	6	3	9
5	2	3	9	7	6	8	4	1
9	8	6	3	4	1	7	2	5

NO. 661

6	7	5	3	9	2	1	4	8
4	3	2	6	1	8	7	5	9
1	8	9	7	4	5	2	3	6
8	4	3	1	5	7	6	9	2
9	1	6	2	8	3	5	7	4
2	5	7	9	6	4	3	8	1
3	6	1	8	7	9	4	2	5
5	2	8	4	3	1	9	6	7
7	9	4	5	2	6	8	1	3

NO. 662

7	5	6	9	2	3	4	8	1
3	2	4	1	8	6	5	9	7
8	9	1	4	5	7	3	6	2
4	3	8	5	7	1	9	2	6
1	6	9	8	3	2	7	4	5
5	7	2	6	4	9	8	1	3
6	1	3	7	9	8	2	5	4
2	8	5	3	1	4	6	7	9
9	4	7	2	6	5	1	3	8

NO. 663

6	9	3	4	5	1	8	2	7
7	2	1	3	9	8	5	4	6
5	8	4	2	6	7	3	1	9
8	4	6	9	7	5	1	3	2
2	5	9	1	3	4	6	7	8
1	3	7	8	2	6	4	9	5
3	1	2	5	8	9	7	6	4
4	6	5	7	1	2	9	8	3
9	7	8	6	4	3	2	5	1

NO. 664

4	6	8	7	5	9	3	2	1
5	9	2	3	4	1	7	8	6
3	7	1	2	6	8	9	5	4
1	2	3	8	9	5	6	4	7
6	5	4	1	2	7	8	3	9
7	8	9	4	3	6	5	1	2
9	3	6	5	1	4	2	7	8
2	1	7	9	8	3	4	6	5
8	4	5	6	7	2	1	9	3

NO. 665

8	5	1	2	7	6	4	9	3
3	7	2	4	9	5	6	8	1
4	6	9	3	1	8	5	2	7
7	2	4	1	5	3	8	6	9
9	1	6	8	4	2	3	7	5
5	3	8	9	6	7	2	1	4
1	8	3	5	2	9	7	4	6
6	4	5	7	8	1	9	3	2
2	9	7	6	3	4	1	5	8

NO. 666

8	9	3	1	2	7	6	4	5
2	6	5	4	3	8	9	1	7
1	7	4	5	9	6	8	3	2
5	1	8	7	6	9	3	2	4
7	3	9	8	4	2	1	5	6
6	4	2	3	5	1	7	8	9
3	2	1	6	7	4	5	9	8
9	8	7	2	1	5	4	6	3
4	5	6	9	8	3	2	7	1

NO. 667

6	4	2	3	5	1	7	8	9
5	1	8	7	6	9	3	2	4
7	3	9	8	4	2	1	5	6
9	8	7	2	1	5	4	6	3
4	5	6	9	8	3	2	7	1
3	2	1	6	7	4	5	9	8
1	7	4	5	9	6	8	3	2
8	9	3	1	2	7	6	4	5
2	6	5	4	3	8	9	1	7

NO. 668

4	7	1	6	9	5	2	3	8
3	9	8	7	2	1	5	4	6
5	6	2	8	3	4	7	1	9
2	4	6	1	5	3	9	8	7
8	1	5	9	6	7	4	2	3
9	3	7	2	4	8	6	5	1
7	8	9	5	1	2	3	6	4
6	5	4	3	8	9	1	7	2
1	2	3	4	7	6	8	9	5

NO. 669

9	8	7	2	1	5	4	6	3
4	5	6	9	8	3	2	7	1
3	2	1	6	7	4	5	9	8
1	7	4	5	9	6	8	3	2
8	9	3	1	2	7	6	4	5
2	6	5	4	3	8	9	1	7
6	4	2	3	5	1	7	8	9
5	1	8	7	6	9	3	2	4
7	3	9	8	4	2	1	5	6

NO. 670

4	5	3	1	6	7	9	2	8
6	9	7	2	5	8	3	1	4
8	2	1	3	4	9	6	7	5
7	3	2	8	1	4	5	9	6
5	4	6	7	2	3	1	8	9
9	1	8	5	7	6	4	3	2
3	7	9	6	8	5	2	4	1
2	8	5	4	3	1	7	6	9
1	6	4	9	2	8	5	3	?

NO. 671

9	2	8	1	6	7	4	5	3
3	1	4	2	5	8	6	9	7
6	7	5	3	4	9	8	2	1
5	9	6	8	1	4	7	3	2
1	8	7	9	2	3	5	4	6
4	3	2	5	7	6	9	1	8
2	4	1	6	8	5	3	7	9
7	6	9	4	3	1	2	8	5
8	5	3	7	9	2	1	6	4

NO. 672

9	8	2	1	7	6	4	3	5
3	4	1	2	8	5	6	7	9
6	5	7	3	9	4	8	1	2
5	6	9	8	4	1	7	2	3
1	7	8	9	3	2	5	6	4
4	2	3	5	6	7	9	8	1
2	1	4	6	5	8	3	9	7
7	9	6	4	1	3	2	5	8
8	3	5	7	2	9	1	4	6

NO. 673

3	4	1	2	8	5	6	7	9
6	5	7	3	9	4	8	1	2
9	8	2	1	7	6	4	3	5
1	7	8	9	3	2	5	6	4
4	2	3	5	6	7	9	8	1
5	6	9	8	4	1	7	2	3
7	9	6	4	1	3	2	5	8
8	3	5	7	2	9	1	4	6
2	1	4	6	5	8	3	9	7

NO. 674

1	2	3	8	9	5	6	4	7
6	5	4	1	2	7	8	3	9
7	8	9	4	3	6	5	1	2
4	6	8	7	5	9	3	2	1
5	9	2	3	4	1	7	8	6
3	7	1	2	6	8	9	5	4
9	3	6	5	1	4	2	7	8
2	1	7	9	8	3	4	6	5
8	4	5	6	7	2	1	9	3

NO. 675

8	4	5	6	7	2	1	9	3
2	1	7	9	8	3	4	6	5
9	3	6	5	1	4	2	7	8
3	7	1	2	6	8	9	5	4
5	9	2	3	4	1	7	8	6
4	6	8	7	5	9	3	2	1
7	8	9	4	3	6	5	1	2
6	5	4	1	2	7	8	3	9
1	2	3	8	9	5	6	4	7

NO. 676

5	2	8	3	6	7	4	9	1
1	6	4	2	8	9	3	5	7
7	3	9	1	5	4	2	8	6
2	4	3	9	7	1	8	6	5
9	7	5	6	2	8	1	3	4
8	1	6	5	4	3	9	7	2
4	9	7	8	1	6	5	2	3
3	5	1	7	9	2	6	4	8
6	8	2	5	4	3	7	1	9

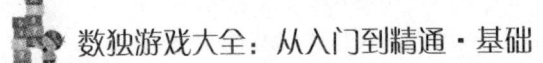

NO. 677

8	5	2	7	3	6	1	4	9
4	1	6	9	2	8	7	3	5
9	7	3	4	1	5	6	2	8
3	2	4	1	9	7	5	8	6
5	9	7	8	6	2	4	1	3
6	8	1	5	4	3	2	9	7
7	4	9	6	8	1	3	5	2
1	3	5	2	7	9	8	6	4
2	6	8	3	5	4	9	7	1

NO. 678

1	9	3	4	7	6	5	2	8
6	8	2	3	9	5	1	7	4
4	7	5	8	1	2	3	9	6
7	5	8	1	3	9	4	6	2
9	1	6	2	8	4	7	3	5
2	3	4	6	5	7	8	1	9
3	2	7	5	6	8	9	4	1
5	6	9	7	4	1	2	8	3
8	4	1	9	2	3	6	5	7

NO. 679

6	9	4	8	3	1	5	2	7
8	2	3	7	5	4	1	9	6
5	1	7	9	6	2	4	8	3
2	5	6	1	8	3	9	7	4
3	4	1	6	9	7	2	5	8
7	8	9	2	4	5	6	3	1
4	7	5	3	2	6	8	1	9
1	6	8	5	7	9	3	4	2
9	3	2	4	1	8	7	6	5

NO. 680

1	5	7	6	9	2	8	4	3
2	8	3	5	7	4	9	1	6
9	6	4	3	8	1	2	5	7
8	7	9	4	2	5	3	6	1
4	3	1	9	6	7	5	2	8
5	2	6	8	1	3	7	9	4
3	9	2	1	4	8	6	7	5
6	1	8	7	5	9	4	3	2
7	4	5	2	3	6	1	8	9

NO. 681

1	5	3	8	6	9	7	2	4
8	4	2	3	7	5	9	1	6
9	6	7	2	1	4	5	3	8
5	2	9	7	4	6	1	8	3
7	8	1	9	3	2	6	4	5
6	3	4	1	5	8	2	9	7
2	7	6	4	9	3	8	5	1
4	9	5	6	8	1	3	7	2
3	1	8	5	2	7	4	6	9

NO. 682

5	7	1	9	2	6	4	3	8
8	3	2	7	4	5	1	6	9
6	4	9	8	1	3	5	7	2
7	9	8	2	5	4	6	1	3
3	1	4	6	7	9	2	5	8
2	6	5	1	3	8	9	4	7
9	2	3	4	8	1	7	5	6
1	8	6	5	9	7	3	2	4
4	5	7	3	6	2	8	9	1

NO. 683

7	1	9	6	5	8	4	3	2
2	8	6	3	4	1	7	5	9
3	5	4	7	2	9	1	6	8
1	6	8	2	3	5	9	7	4
9	2	7	4	8	6	5	1	3
4	3	5	1	9	7	8	2	6
6	7	3	9	1	4	2	8	5
8	9	2	5	7	3	6	4	1
5	4	1	8	6	2	3	9	7

NO. 684

3	9	1	6	2	4	5	8	7
8	4	2	3	5	7	1	6	9
5	7	6	1	9	8	3	4	2
6	8	5	4	7	9	2	7	3
4	1	7	8	3	2	6	9	5
2	3	9	5	7	6	4	1	8
7	6	4	2	8	5	9	3	1
9	5	3	7	4	1	8	2	6
1	2	8	9	6	3	7	5	4

NO. 685

2	8	5	3	1	4	6	7	9
9	4	7	2	6	5	1	3	8
6	1	3	7	9	8	2	5	4
3	2	4	1	8	6	5	9	7
8	9	1	4	5	7	3	6	2
7	5	6	9	2	3	4	8	1
1	6	9	8	3	2	7	4	5
5	7	2	6	4	9	8	1	3
4	3	8	5	7	1	9	2	6

NO. 686

1	3	5	2	7	9	8	6	4
2	6	8	3	4	9	7	1	5
7	4	9	6	8	1	3	5	2
4	1	6	9	2	8	7	3	5
9	7	3	4	1	5	6	2	8
8	5	2	7	3	6	1	4	9
5	9	7	8	6	2	4	1	3
6	8	1	5	4	3	2	9	7
3	2	4	1	9	7	5	8	6

NO. 687

9	5	6	1	7	4	3	2	8
1	8	4	3	9	2	7	6	5
7	3	2	8	5	6	1	9	4
2	6	8	5	3	9	4	1	7
5	4	7	2	8	1	6	3	9
3	1	9	6	4	7	8	5	2
6	9	1	4	2	8	5	7	3
4	2	3	7	6	5	9	8	1
8	7	5	9	1	3	2	4	6

NO. 688

2	8	6	3	4	1	7	5	9
3	5	4	7	2	9	1	6	8
7	1	9	6	5	8	4	3	2
9	2	7	4	8	6	5	1	3
4	3	5	1	9	7	8	2	6
1	6	8	2	3	5	9	7	4
8	9	2	5	7	3	6	4	1
5	4	1	8	6	2	3	9	7
6	7	3	9	1	4	2	8	5

NO. 689

3	5	9	1	4	7	8	6	2
8	2	1	3	6	9	7	4	5
4	6	7	5	8	2	9	1	3
2	4	8	7	5	3	1	9	6
6	7	5	8	9	1	3	2	4
1	9	3	4	2	6	5	7	8
7	1	4	2	3	8	6	5	9
9	3	2	6	7	5	4	8	1
5	8	6	9	1	4	2	3	7

NO. 690

4	9	3	8	5	1	2	7	6
6	8	1	3	7	2	4	9	5
5	2	7	4	6	9	3	1	8
8	6	9	7	2	4	1	5	3
3	7	5	9	1	6	8	4	2
2	1	4	5	3	8	9	6	7
7	4	6	1	8	3	5	2	9
9	3	2	6	4	5	7	8	1
1	5	8	2	9	7	6	3	4

NO. 691

4	8	1	7	5	6	9	2	3
5	9	7	3	2	4	1	8	6
3	6	2	8	9	1	4	5	7
9	2	6	4	3	8	5	7	1
7	4	5	1	6	9	8	3	2
8	1	3	5	7	2	6	4	9
2	5	4	6	1	3	7	9	8
6	7	9	2	8	5	3	1	4
1	3	8	9	4	7	2	6	5

NO. 692

5	3	7	1	4	6	9	8	2
8	2	6	7	9	3	4	5	1
9	4	1	5	8	2	7	6	3
3	1	4	9	5	7	8	2	6
7	9	2	8	6	1	5	3	4
6	8	5	2	3	4	1	7	9
4	6	8	3	1	5	2	9	7
1	7	9	6	2	8	3	4	5
2	5	3	4	7	9	6	1	8

NO. 693

4	1	7	2	6	8	5	3	9
6	3	9	5	4	7	2	8	1
8	5	2	3	1	9	6	4	7
5	7	3	6	9	1	4	2	8
9	8	1	4	2	3	7	6	5
2	4	6	8	7	5	9	1	3
3	2	8	9	5	6	1	7	4
7	6	5	1	8	4	3	9	2
1	9	4	7	3	2	8	5	6

NO. 694

5	8	2	9	1	3	4	6	7
1	4	7	8	6	2	3	5	9
3	6	9	7	4	5	8	2	1
4	2	6	5	7	8	1	9	3
7	5	3	1	9	6	2	4	8
8	9	1	3	2	4	6	7	5
9	1	4	2	3	7	5	8	6
2	3	8	6	5	9	7	1	4
6	7	5	4	8	1	9	3	2

NO. 695

4	3	2	6	1	8	7	5	9
1	8	9	7	4	5	2	3	6
6	7	5	3	9	2	1	4	8
9	1	6	2	8	3	5	7	4
2	5	7	9	6	4	3	8	1
8	4	3	1	5	7	6	9	2
5	2	8	4	3	1	9	6	7
7	9	4	5	2	6	8	1	3
3	6	1	8	7	9	4	2	5

NO. 696

5	9	2	8	7	4	6	1	3
4	1	6	9	5	3	8	7	2
8	3	7	2	6	1	4	9	5
3	7	4	5	1	6	9	2	8
6	5	8	4	9	2	1	3	7
1	2	9	3	8	7	5	6	4
7	8	3	1	4	9	2	5	6
9	6	5	7	2	8	3	4	1
2	4	1	6	3	5	7	8	9

NO. 697

2	6	8	1	7	3	9	4	5
5	3	7	4	8	9	2	1	6
1	4	9	5	6	2	3	7	8
3	5	1	6	2	8	4	9	7
6	9	2	7	3	4	8	5	1
8	7	4	9	1	5	6	2	3
9	1	6	8	4	7	5	3	2
7	2	5	3	9	6	1	8	4
4	8	3	2	5	1	7	6	9

NO. 698

4	1	3	6	2	9	5	7	8
8	6	7	1	3	5	4	2	9
2	5	9	7	8	4	3	6	1
1	3	6	4	9	7	2	8	5
7	8	5	2	6	3	9	1	4
9	4	2	8	5	1	6	3	7
3	7	4	9	1	6	8	5	2
5	2	1	3	4	8	7	9	6
6	9	8	5	7	2	1	4	3

NO. 699

9	7	5	4	8	6	2	1	3
3	4	2	7	1	9	8	6	5
8	1	6	5	3	2	7	4	9
6	3	1	8	4	7	5	9	2
4	2	8	9	6	5	3	7	1
7	5	9	1	2	3	4	8	6
1	9	4	3	5	8	6	2	7
5	6	7	2	9	4	1	3	8
2	8	3	6	7	1	9	5	4

NO. 700

2	8	1	4	6	7	3	5	9
4	7	5	8	3	9	2	1	6
9	6	3	2	1	5	7	8	4
1	2	9	3	5	4	8	6	7
8	5	6	1	7	2	4	9	3
3	4	7	9	8	6	1	2	5
6	1	4	5	2	3	9	7	8
5	9	2	7	4	8	6	3	1
7	3	8	6	9	1	5	4	2

NO. 701

8	7	3	9	4	1	6	5	2
6	9	5	8	2	7	1	4	3
4	2	1	5	3	6	9	8	7
9	5	2	4	7	8	3	1	6
1	4	6	3	5	9	2	7	8
3	8	7	1	6	2	5	9	4
7	3	4	6	1	5	8	2	9
5	6	8	2	9	4	7	3	1
2	1	9	7	8	3	4	6	5

NO. 702

2	1	6	8	7	4	3	5	9
8	7	9	2	3	5	4	6	1
3	5	4	9	6	1	8	7	2
7	6	2	4	9	3	1	8	5
5	9	3	1	8	2	7	4	6
4	8	1	7	5	6	9	2	3
1	3	5	7	2	8	6	9	4
6	2	8	3	4	9	5	1	7
9	4	5	6	1	7	2	3	8

NO. 703

2	1	4	8	6	7	5	3	9
6	7	5	3	1	9	2	4	8
8	3	9	2	4	5	6	7	1
1	4	6	9	8	3	7	2	5
5	9	3	7	2	1	4	8	6
7	2	8	6	5	4	1	9	3
4	8	7	1	9	6	3	5	2
9	5	1	4	3	2	8	6	7
3	6	2	5	7	8	9	1	4

NO. 704

8	3	1	2	5	7	9	4	6
5	7	4	1	6	9	8	3	2
9	2	6	3	8	4	5	1	7
7	5	2	6	9	3	1	8	4
6	4	9	8	2	1	3	7	5
3	1	8	4	7	5	2	6	9
1	6	3	5	4	2	7	9	8
4	9	5	7	1	8	6	2	3
2	8	7	9	3	6	4	5	1

NO. 705

3	9	6	2	4	5	8	1	7
8	5	4	7	9	1	3	2	6
2	1	7	3	6	8	9	5	4
5	6	9	1	3	7	4	8	2
4	7	8	6	5	2	1	3	9
1	2	3	4	8	9	6	7	5
6	3	2	5	1	4	7	9	8
7	8	1	9	2	6	5	4	3
9	4	5	8	7	3	2	6	1

NO. 706

6	2	4	9	3	1	5	7	8
7	5	9	6	8	4	3	1	2
8	3	1	2	7	5	6	9	4
1	8	5	3	9	7	4	2	6
9	4	7	5	6	2	1	8	3
2	6	3	4	1	8	7	5	9
3	1	6	7	2	9	8	4	5
5	7	2	8	4	6	9	3	1
4	9	8	1	5	3	2	6	7

NO. 707

9	8	5	1	4	2	3	6	7
3	2	1	7	6	9	8	4	5
7	6	4	5	3	8	2	1	9
2	5	9	6	8	4	1	7	3
1	7	8	3	2	5	4	9	6
4	3	6	9	7	1	5	2	8
8	9	7	2	1	3	6	5	4
6	1	3	4	5	7	9	8	2
5	4	2	8	9	6	7	3	1

NO. 708

5	6	9	1	4	8	2	3	7
8	2	1	3	7	5	9	4	6
3	7	4	6	9	2	1	5	8
2	1	3	9	8	4	7	6	5
7	4	5	2	6	1	8	9	3
9	8	6	7	5	3	4	2	1
4	5	2	8	3	7	6	1	9
1	9	8	5	2	6	3	7	4
6	3	7	4	1	9	5	8	2

NO. 709

9	1	4	8	7	2	5	6	3
5	3	8	1	4	6	9	2	7
2	6	7	9	3	5	4	1	8
6	8	5	4	1	9	7	3	2
7	4	3	2	5	8	6	9	1
1	2	9	3	6	7	8	5	4
8	5	6	7	2	1	3	4	9
4	9	1	6	8	3	2	7	5
3	7	2	5	9	4	1	8	6

NO. 710

3	1	4	7	6	8	5	2	9
5	2	6	9	4	1	3	7	8
9	8	7	2	3	5	4	1	6
1	4	9	5	8	2	7	6	3
8	3	2	6	9	7	1	5	4
6	7	5	3	1	4	9	8	2
2	6	1	4	7	3	8	9	5
7	5	3	8	2	9	6	4	1
4	9	8	1	5	6	2	3	7

NO. 711

5	6	9	1	4	8	2	3	7
3	7	4	6	9	2	1	5	8
8	2	1	3	7	5	9	4	6
2	1	3	9	8	4	7	6	5
7	4	5	2	6	1	8	9	3
9	8	6	7	5	3	4	2	1
6	3	7	4	1	9	5	8	2
1	9	8	5	2	6	3	7	4
4	5	2	8	3	7	6	1	9

NO. 712

6	9	2	1	4	5	8	3	7
4	8	7	2	3	6	9	5	1
5	3	1	9	8	7	2	6	4
1	4	6	7	2	8	5	9	3
2	5	3	4	1	9	6	7	8
9	7	8	6	5	3	1	4	2
8	2	5	3	6	4	7	1	9
3	6	9	8	7	1	4	2	5
7	1	4	5	9	2	3	8	6

NO.629 ~ NO.1190 参考答案

NO. 713

3	2	6	5	4	1	8	7	9
8	1	9	3	7	6	4	2	5
4	5	7	2	9	8	1	6	3
5	7	1	4	8	9	2	3	6
9	3	8	1	6	2	7	5	4
6	4	2	7	5	3	9	1	8
7	9	5	6	1	4	3	8	2
1	8	3	9	2	5	6	4	7
2	6	4	8	3	7	5	9	1

NO. 714

8	9	4	7	2	1	6	5	3
6	7	2	3	8	5	4	9	1
5	1	3	6	4	9	7	2	8
7	5	6	8	1	3	9	4	2
2	8	1	5	9	4	3	7	6
3	4	9	2	6	7	8	1	5
9	6	5	4	3	2	1	8	7
1	2	8	9	7	6	5	3	4
4	3	7	1	5	8	2	6	9

NO. 715

2	8	3	5	1	9	4	6	7
9	1	4	7	8	6	5	2	3
6	5	7	4	3	2	9	8	1
3	6	8	2	9	7	1	4	5
4	2	9	1	6	5	7	3	8
5	7	1	8	4	3	2	9	6
1	4	6	9	5	8	3	7	2
7	3	5	6	2	4	8	1	9
8	9	2	3	7	1	6	5	4

NO. 716

8	3	1	7	5	2	9	4	6
6	2	7	3	4	9	1	8	5
5	4	9	1	6	8	2	3	7
7	9	6	4	2	1	8	5	3
3	1	5	9	8	6	4	7	2
2	8	4	5	3	7	6	9	1
4	6	3	8	1	5	7	2	9
9	5	2	6	7	4	3	1	8
1	7	8	2	9	3	5	6	4

NO. 717

7	6	2	9	3	4	5	1	8
9	5	4	8	1	6	7	2	3
1	8	3	2	7	5	6	9	4
5	3	1	6	9	8	2	4	7
4	2	8	7	5	3	1	6	9
6	7	9	1	4	2	3	8	5
2	9	5	4	6	7	8	3	1
8	1	7	3	2	9	4	5	6
3	4	6	5	8	1	9	7	2

NO. 718

3	6	7	4	9	1	5	2	8
2	8	9	3	5	7	1	6	4
1	5	4	2	8	6	7	3	9
9	7	1	8	6	5	2	4	3
6	2	8	1	3	4	9	7	5
4	3	5	9	7	2	8	1	6
8	1	6	5	2	3	4	9	7
7	9	2	6	4	8	3	5	1
5	4	3	7	1	9	6	8	2

NO. 719

2	5	6	8	3	1	4	9	7
9	7	4	5	6	2	3	1	8
1	8	3	7	4	9	6	2	5
3	1	8	9	7	4	5	6	2
6	2	5	1	8	3	7	4	9
4	9	7	2	5	6	8	3	1
7	4	9	6	2	5	1	8	3
8	3	1	4	9	7	2	5	6
5	6	2	3	1	8	9	7	4

NO. 720

6	5	2	3	8	1	4	7	9
1	4	3	7	9	6	8	5	2
9	8	7	5	4	2	1	3	6
4	9	6	1	3	8	7	2	5
3	2	8	4	5	7	6	9	1
7	1	5	2	6	9	3	8	4
5	7	4	6	2	3	9	1	8
8	6	1	9	7	5	2	4	3
2	3	9	8	1	4	5	6	7

NO. 721

1	9	6	2	4	8	7	5	3
3	2	4	6	7	5	8	9	1
5	7	8	1	9	3	4	2	6
6	5	9	7	1	4	2	3	8
4	8	1	9	3	2	6	7	5
2	3	7	5	8	6	9	1	4
8	6	2	3	5	9	1	4	7
7	4	5	8	2	1	3	6	9
9	1	3	4	6	7	5	8	2

NO. 722

9	5	2	6	7	4	3	1	8
1	7	8	2	9	3	5	6	4
4	6	3	8	1	5	7	2	9
6	2	7	3	4	9	1	8	5
5	4	9	1	6	8	2	3	7
8	3	1	7	5	2	9	4	6
3	1	5	9	8	6	4	7	2
2	8	4	5	3	7	6	9	1
7	9	6	4	2	1	8	5	3

NO. 723

9	2	6	4	3	8	5	7	1
7	4	5	1	6	9	8	3	2
8	1	3	5	7	2	6	4	9
2	5	4	6	1	3	7	9	8
6	7	9	2	8	5	3	1	4
1	3	8	9	4	7	2	6	5
4	8	1	7	5	6	9	2	3
5	9	7	3	2	4	1	8	6
3	6	2	8	9	1	4	5	7

NO. 724

4	6	3	8	1	5	7	2	9
9	5	2	6	7	4	3	1	8
1	7	8	2	9	3	5	6	4
8	3	1	7	5	2	9	4	6
6	2	7	3	4	9	1	8	5
5	4	9	1	6	8	2	3	7
7	9	6	4	2	1	8	5	3
3	1	5	9	8	6	4	7	2
2	8	4	5	3	7	6	9	1

127

NO. 725

9	6	8	2	7	4	1	3	5
5	7	3	1	9	6	8	2	4
4	1	2	3	5	8	9	7	6
6	4	7	8	1	3	5	9	2
2	3	9	4	6	5	7	1	8
8	5	1	9	2	7	6	4	3
3	9	4	5	8	1	2	6	7
1	8	6	7	3	2	4	5	9
7	2	5	6	4	9	3	8	1

NO. 726

7	9	6	5	8	2	3	4	1
3	8	1	7	4	9	2	5	6
5	4	2	3	1	6	7	8	9
9	7	5	4	2	3	1	6	8
6	2	3	1	9	8	4	7	5
8	1	4	6	5	7	9	3	2
4	5	7	9	6	1	8	2	3
1	3	8	2	7	5	6	9	4
2	6	9	8	3	4	5	1	7

NO. 727

8	5	3	7	9	6	4	2	1
4	7	2	3	1	5	9	8	6
6	9	1	2	8	4	5	3	7
7	2	9	4	6	3	8	1	5
3	1	8	9	5	2	6	7	4
5	6	4	1	7	8	2	9	3
9	4	6	8	3	1	7	5	2
1	8	5	6	2	7	3	4	9
2	3	7	5	4	9	1	6	8

NO. 728

6	3	4	1	5	8	2	9	7
5	2	9	7	4	6	1	8	3
7	8	1	9	3	2	6	4	5
3	1	8	5	2	7	4	6	9
2	7	6	4	9	3	8	5	1
4	9	5	6	8	1	3	7	2
9	6	7	2	1	4	5	3	8
1	5	3	8	6	9	7	2	4
8	4	2	3	7	5	9	1	6

NO. 729

2	4	5	1	7	3	9	6	8
9	7	3	8	5	6	4	2	1
6	8	1	4	9	2	5	3	7
5	3	7	6	2	1	8	9	4
1	6	4	7	3	9	2	5	3
4	2	9	3	8	5	7	1	6
8	5	6	9	1	4	3	7	2
3	9	4	2	6	7	1	8	5
7	1	2	5	3	8	6	4	9

NO. 730

9	5	8	7	3	4	6	1	2
1	6	3	5	2	9	8	7	4
2	4	7	1	8	6	5	9	3
6	8	5	2	7	1	4	3	9
7	2	3	4	9	5	1	6	8
3	1	4	9	6	8	7	2	5
5	9	6	4	1	2	3	8	7
4	3	1	8	9	7	2	5	6
8	7	2	6	5	3	9	4	1

NO. 731

8	1	6	9	4	2	5	7	3
5	9	7	3	6	1	8	2	4
3	2	4	5	8	7	9	1	6
4	5	1	6	2	8	7	3	9
2	6	3	4	7	9	1	8	5
7	8	9	1	5	3	6	4	2
9	3	5	7	1	4	2	6	8
1	4	8	2	9	6	3	5	7
6	7	2	8	3	5	4	9	1

NO. 732

1	5	8	7	2	6	9	4	3
9	7	6	4	8	3	5	1	2
2	3	4	5	9	1	8	6	7
5	6	9	2	7	4	3	8	1
4	8	1	3	5	9	2	7	6
3	2	7	6	1	8	4	9	5
8	1	2	9	3	7	6	5	4
6	9	5	1	4	2	7	3	8
7	4	3	8	6	5	1	2	9

NO. 733

1	5	2	8	4	6	9	7	3
4	6	7	3	1	9	8	2	5
3	9	8	5	7	2	6	1	4
5	4	9	7	2	1	3	6	8
8	1	3	6	5	4	7	9	2
2	7	6	9	8	3	4	5	1
6	3	4	1	9	5	2	8	7
9	8	5	2	3	7	1	4	6
7	2	1	4	6	8	5	3	9

NO. 734

3	4	8	2	9	6	5	7	1
5	2	7	1	8	4	3	6	9
1	6	9	5	3	7	2	4	8
9	5	4	8	6	3	7	1	2
6	8	1	9	7	2	4	3	5
7	3	2	4	5	1	8	9	6
2	1	5	7	4	9	6	8	3
4	9	3	6	2	8	1	5	7
8	7	6	3	1	5	9	2	4

NO. 735

1	5	9	7	8	6	4	2	3
4	7	2	3	9	5	1	6	8
3	6	8	4	1	2	7	5	9
8	4	5	9	6	1	2	3	7
6	9	3	8	2	7	5	1	4
2	1	7	5	4	3	9	8	6
7	3	4	2	5	8	6	9	1
5	8	1	6	7	9	3	4	2
9	2	6	1	3	4	8	7	5

NO. 736

5	1	2	9	4	8	7	3	6
3	7	4	1	6	5	2	9	8
6	8	9	3	2	7	1	5	4
7	2	1	6	9	3	8	4	5
9	6	5	4	8	1	3	7	2
4	3	8	5	7	2	9	6	1
1	5	7	8	3	6	4	2	9
8	4	3	2	5	9	6	1	7
2	9	6	7	1	4	5	8	3

NO.629～NO.1190 参考答案

NO. 737

9	8	6	2	3	1	7	4	5
7	2	4	5	6	8	9	1	3
5	1	3	7	9	4	2	8	6
3	7	8	6	1	9	4	5	2
1	6	5	3	4	2	8	9	7
4	9	2	8	7	5	6	3	1
2	5	7	4	8	3	1	6	9
8	3	9	1	2	6	5	7	4
6	4	1	9	5	7	3	2	8

NO. 738

2	6	5	3	4	7	1	9	8
1	7	3	8	5	9	6	2	4
4	8	9	2	1	6	5	3	7
8	4	7	5	2	3	9	1	6
9	5	2	1	6	8	4	7	3
6	3	1	9	7	4	8	5	2
5	2	4	7	8	1	3	6	9
3	1	6	4	9	2	7	8	5
7	9	8	6	3	5	2	4	1

NO. 739

1	4	6	8	5	3	2	9	7
2	5	8	7	6	9	4	3	1
7	3	9	2	1	4	5	6	8
9	2	7	4	3	1	6	8	5
3	6	4	9	8	5	1	7	2
8	1	5	6	2	7	9	4	3
6	7	2	5	4	8	3	1	9
5	9	1	3	7	6	8	2	4
4	8	3	1	9	2	7	5	6

NO. 740

1	3	2	4	7	6	9	8	5
9	4	8	5	2	3	1	6	7
5	6	7	9	1	8	4	3	2
7	9	3	2	6	1	8	5	4
6	2	5	7	8	4	3	1	9
8	1	4	3	9	5	2	7	6
4	5	9	8	3	7	6	2	1
3	7	1	6	4	2	5	9	8
2	8	6	1	5	9	7	4	3

NO. 741

7	3	4	5	2	6	8	9	1
2	6	8	3	9	1	4	7	5
5	1	9	7	4	8	2	3	6
4	5	1	2	7	3	9	6	8
9	7	3	6	8	4	1	5	2
8	2	6	9	1	5	7	4	3
1	9	5	4	6	2	3	8	7
3	4	2	8	5	7	6	1	9
6	8	7	1	3	9	5	2	4

NO. 742

1	5	2	3	7	6	4	9	8
9	4	7	5	8	1	2	3	6
8	6	3	9	2	4	5	1	7
4	2	5	8	3	9	6	7	1
3	8	1	7	6	2	9	4	5
7	9	6	1	4	5	3	8	2
5	1	4	6	9	8	7	2	3
6	7	9	2	1	3	8	5	4
2	3	8	4	5	7	1	6	9

NO. 743

8	6	1	2	4	7	9	3	5
9	2	3	5	1	6	8	7	4
5	7	4	9	8	3	2	6	1
4	9	6	1	7	8	3	5	2
7	1	5	4	3	2	6	8	9
3	8	2	6	9	5	1	4	7
2	5	9	3	6	4	7	1	8
6	4	8	7	2	1	5	9	3
1	3	7	8	5	9	4	2	6

NO. 744

4	3	2	5	9	1	7	6	8
6	7	9	4	8	3	2	1	5
8	5	1	7	2	6	3	4	9
9	6	5	2	7	4	1	8	3
1	8	4	3	5	9	6	2	7
7	2	3	6	1	8	5	9	4
3	4	7	8	6	5	9	2	1
5	9	6	1	4	2	8	7	3
2	1	8	9	3	7	4	5	6

NO. 745

9	7	6	4	3	1	2	5	8
1	2	8	5	9	7	6	4	3
5	3	4	6	8	2	7	1	9
2	6	1	8	7	5	9	3	4
7	4	9	2	1	3	5	8	6
5	8	3	9	4	6	1	2	7
4	9	2	7	5	8	3	6	1
8	5	1	9	6	4	7	2	5
6	1	7	3	2	4	8	9	5

NO. 746

3	5	1	9	6	7	2	4	8
4	2	6	5	8	3	1	9	7
8	7	9	4	1	2	5	3	6
2	1	5	8	9	4	7	6	3
9	8	3	6	7	5	4	2	1
6	4	7	3	2	1	9	8	5
5	3	2	7	4	8	6	1	9
7	6	4	1	3	9	8	5	2
1	9	8	2	5	6	3	7	4

NO. 747

2	6	7	9	3	5	4	1	8
4	9	1	8	7	6	2	5	3
8	5	3	4	2	1	9	6	7
3	4	6	7	5	2	1	8	9
5	7	8	3	1	9	6	2	4
1	2	9	6	8	4	5	3	7
9	8	4	1	6	3	7	2	5
6	3	2	5	9	7	8	4	1
7	1	5	2	8	4	3	9	6

NO. 748

5	3	6	7	9	4	1	8	2
1	7	8	3	2	6	5	4	9
2	4	9	1	5	8	7	3	6
9	1	3	6	4	5	8	2	7
4	6	2	9	8	7	3	5	1
8	5	7	2	1	3	6	9	4
7	2	1	8	3	9	4	6	5
3	9	5	4	7	6	2	1	8
6	8	4	5	2	1	9	7	3

NO. 749

7	9	3	2	5	4	1	6	8
1	2	6	8	3	9	7	4	5
8	4	5	1	7	6	2	9	3
5	1	9	3	4	7	6	8	2
4	3	8	5	6	2	9	7	1
6	7	2	9	1	8	3	5	4
2	8	1	6	9	5	4	3	7
9	5	7	4	2	3	8	1	6
3	6	4	7	8	1	5	2	9

NO. 750

2	6	5	7	4	3	1	9	8
1	7	3	9	5	8	6	2	4
4	8	9	6	1	2	5	3	7
6	3	1	4	7	9	8	5	2
9	5	2	8	6	1	4	7	3
8	4	7	3	2	5	9	1	6
5	2	4	1	8	7	3	6	9
3	1	6	2	9	4	7	8	5
7	9	8	5	3	6	2	4	1

NO. 751

6	4	2	1	7	9	3	8	5
8	9	5	6	3	4	2	7	1
7	3	1	8	5	2	9	6	4
9	5	8	3	1	6	4	2	7
4	2	3	9	8	7	5	1	6
1	6	7	2	4	5	8	9	3
2	8	4	5	6	1	7	3	9
5	1	9	7	2	3	6	4	8
3	7	6	4	9	8	1	5	2

NO. 752

6	3	4	7	1	9	8	5	2
9	2	7	4	8	5	6	3	1
8	5	1	2	6	3	4	9	7
5	7	6	8	3	1	2	4	9
4	8	3	6	9	2	7	1	5
2	1	9	5	7	4	3	6	8
3	9	8	1	4	7	5	2	6
1	6	5	3	2	8	9	7	4
7	4	2	9	5	6	1	8	3

NO. 753

3	8	5	6	1	2	9	7	4
7	4	9	5	3	8	1	6	2
6	2	1	9	7	4	5	8	3
5	7	3	8	4	1	6	2	9
8	1	6	3	2	9	7	4	5
4	9	2	7	6	5	8	3	1
2	6	8	1	9	3	7	4	5
1	3	7	4	5	6	2	9	8
9	5	4	2	8	7	3	1	6

NO. 754

1	9	8	4	3	7	5	6	2
5	4	6	2	8	9	1	7	3
2	7	3	5	1	6	4	9	8
3	5	9	8	7	1	6	2	4
7	8	2	3	6	4	9	1	5
6	1	4	9	5	2	8	3	7
4	2	5	6	9	3	7	8	1
9	3	1	7	4	8	2	5	6
8	6	7	1	2	5	3	4	9

NO. 755

8	9	5	4	7	3	2	6	1
6	2	7	9	1	8	5	4	3
1	3	4	6	5	2	9	8	7
2	5	9	1	4	6	3	7	8
4	1	8	7	3	9	6	2	5
7	6	3	8	2	5	4	1	9
9	8	2	3	6	1	7	5	4
3	7	6	5	8	4	1	9	2
5	4	1	2	9	7	8	3	6

NO. 756

7	2	5	4	9	8	1	3	6
3	6	1	5	7	2	9	4	8
4	8	9	1	3	6	5	2	7
5	3	2	6	8	9	4	7	1
2	9	4	7	8	1	6	5	3
6	1	8	3	4	5	2	7	9
8	4	2	9	1	7	3	6	5
9	7	6	5	4	8	7	2	1
1	5	6	8	2	3	7	9	4

NO. 757

1	9	7	8	3	5	6	2	4
3	8	5	4	6	2	1	7	9
4	2	6	9	1	7	8	5	3
6	5	4	2	8	1	9	3	7
7	1	2	3	9	6	5	4	8
9	3	8	5	7	4	2	1	6
8	4	3	1	5	9	7	6	2
5	6	9	7	2	8	4	3	1
2	7	1	6	4	3	9	8	5

NO. 758

7	5	9	1	4	3	8	6	2
6	8	4	5	2	7	9	1	3
2	3	1	6	9	8	5	7	4
8	9	5	2	1	6	3	4	7
1	2	7	4	3	5	6	8	9
4	6	3	7	8	9	1	2	5
5	7	8	3	6	2	4	9	1
3	4	6	9	7	1	2	5	8
9	1	2	8	5	4	7	3	6

NO. 759

2	4	8	3	5	1	9	6	7
6	9	5	4	2	7	8	3	1
7	1	3	6	8	9	4	2	5
9	8	4	7	3	6	1	5	2
3	7	2	5	1	4	6	9	8
5	6	1	2	9	8	3	7	4
4	2	9	1	6	7	5	8	3
1	5	6	8	7	2	7	4	9
8	3	7	9	4	5	2	1	6

NO. 760

3	6	2	1	5	9	7	8	4
7	1	8	4	2	6	3	9	5
4	9	5	7	3	8	1	6	2
5	7	6	2	9	3	8	4	1
9	2	4	5	8	1	6	3	7
8	3	1	6	7	4	2	5	9
1	4	7	8	6	5	9	2	3
6	5	3	9	1	2	4	7	8
2	8	9	3	4	7	5	1	6

130

NO.761
7	1	8	5	4	6	2	9	3
9	2	4	1	3	7	8	5	6
3	6	5	9	8	2	1	7	4
2	8	1	3	5	9	6	4	7
5	3	7	4	6	1	9	2	8
4	9	6	7	2	8	5	3	1
1	7	2	6	9	3	4	8	5
6	4	9	8	7	5	3	1	2
8	5	3	2	1	4	7	6	9

NO.762
9	8	4	6	1	2	7	3	5
3	7	1	9	5	8	4	2	6
5	6	2	7	4	3	8	9	1
1	3	6	4	7	9	2	5	8
2	5	9	8	6	1	3	7	4
7	4	8	3	2	5	6	1	9
8	9	7	5	3	6	1	4	2
6	1	3	2	9	4	5	8	7
4	2	5	1	8	7	9	6	3

NO.763
4	3	6	1	9	5	7	8	2
5	8	9	2	3	7	6	4	1
1	2	7	4	6	8	9	3	5
6	7	2	9	8	3	1	5	4
3	1	8	6	5	4	2	9	7
9	4	5	7	2	1	8	6	3
2	5	1	8	4	6	3	7	9
7	6	4	3	1	9	5	2	8
8	9	3	5	7	2	4	1	6

NO.764
6	3	4	9	1	7	8	5	2
9	2	7	5	8	4	6	3	1
8	5	1	3	6	2	4	9	7
2	1	9	4	7	5	3	6	8
4	8	3	2	9	6	7	1	5
5	7	6	1	3	8	2	4	9
3	9	8	7	4	1	5	2	6
1	6	5	8	2	3	9	7	4
7	4	2	6	5	9	1	8	3

NO.765
3	8	9	5	1	2	4	6	7
4	5	6	7	9	8	3	2	1
7	2	1	4	3	6	5	8	9
1	4	8	9	2	3	6	7	5
2	9	7	1	6	5	8	3	4
6	3	5	8	4	7	9	1	2
5	7	4	6	8	1	2	9	3
8	1	3	2	5	9	7	4	6
9	6	2	3	7	4	1	5	8

NO.766
2	1	5	6	3	7	8	4	9
4	8	3	1	9	2	5	6	7
9	7	6	4	5	8	1	2	3
8	5	1	9	6	4	7	3	2
3	4	7	2	8	5	6	9	1
1	2	8	7	4	9	3	5	6
7	3	4	5	2	6	9	1	8
6	9	2	8	1	3	4	7	5
5	6	9	3	7	1	2	8	4

NO.767
4	3	2	1	9	5	7	6	8
6	7	9	3	8	4	2	1	5
8	5	1	6	2	7	3	4	9
7	2	3	8	1	6	5	9	4
1	8	4	9	5	3	6	7	2
9	6	5	4	7	2	1	8	3
3	4	7	5	6	8	9	2	1
5	9	6	2	4	1	8	3	7
2	1	8	7	3	9	4	5	6

NO.768
2	3	6	5	1	9	8	4	7
4	7	8	3	6	2	5	9	1
5	9	1	7	8	4	6	3	2
1	8	4	6	7	3	9	2	5
7	5	9	2	4	8	1	6	3
3	6	2	1	9	5	4	7	8
9	4	5	8	2	7	3	1	6
6	2	3	9	5	1	7	8	4
8	1	7	4	3	6	2	5	9

NO.769
7	6	2	8	1	4	5	3	9
5	8	3	9	2	6	7	4	1
9	4	1	5	7	3	8	6	2
1	5	6	2	4	7	3	9	8
4	2	9	1	3	8	6	7	5
3	7	8	6	5	9	2	1	4
8	9	5	3	6	1	4	2	7
6	1	7	4	8	2	9	5	3
2	3	4	7	9	5	1	8	6

NO.770
2	8	1	7	5	6	3	4	9
3	7	4	9	1	8	2	6	5
9	6	5	3	2	4	7	8	1
5	3	8	1	6	2	4	9	7
6	1	9	5	4	7	8	2	3
4	2	7	8	3	9	1	5	6
7	9	3	4	8	5	6	1	2
8	5	2	6	7	1	9	3	4
1	4	6	2	9	3	5	7	8

NO.771
3	7	4	5	9	8	1	6	2
6	1	9	7	2	3	5	4	8
2	8	5	6	4	1	7	3	9
1	4	7	2	5	6	8	9	3
5	2	3	9	8	7	6	1	4
9	6	8	3	1	4	2	5	7
7	3	1	8	6	2	9	7	5
8	9	6	4	3	5	2	7	1
4	5	2	1	7	9	3	8	6

NO.772
3	9	2	5	6	4	8	1	7
1	8	6	9	7	3	2	5	4
7	4	5	1	2	8	9	3	6
8	2	9	7	5	1	4	6	3
5	7	3	6	4	9	1	8	2
6	1	4	3	8	2	7	5	9
9	3	8	4	1	7	6	2	5
4	6	1	2	3	5	7	9	8
2	5	7	8	9	6	3	4	1

NO. 773

9	8	4	2	1	6	7	3	5
3	7	1	8	5	9	4	2	6
5	6	2	3	4	7	8	9	1
7	4	8	5	2	3	6	1	9
2	5	9	1	6	8	3	7	4
1	3	6	9	7	4	2	5	8
8	9	7	6	3	5	1	4	2
6	1	3	4	9	2	5	8	7
4	2	5	7	8	1	9	6	3

NO. 774

2	1	7	8	3	5	6	9	4
3	4	6	1	9	7	5	8	2
8	5	9	4	6	2	7	3	1
4	3	8	7	2	1	9	5	6
7	9	2	6	5	4	8	1	3
1	6	5	9	8	3	2	4	7
9	8	3	2	4	6	1	7	5
5	2	1	3	7	8	4	6	9
6	7	4	5	1	9	3	2	8

NO. 775

1	5	8	3	6	2	7	9	4
7	2	9	5	8	4	1	3	6
4	3	6	9	1	7	2	5	8
9	1	2	4	7	5	8	6	3
3	8	4	2	9	6	5	1	7
6	7	5	1	3	8	9	4	2
2	4	7	6	5	9	3	8	1
5	6	1	8	2	3	4	7	9
8	9	3	7	4	1	6	2	5

NO. 776

3	4	7	1	2	6	5	8	9
8	5	2	4	9	3	7	1	6
9	6	1	8	7	5	4	3	2
5	7	4	9	1	8	6	2	3
1	9	3	2	6	4	8	5	7
2	8	6	3	5	7	1	9	4
4	3	5	6	8	9	2	7	1
6	2	8	7	3	1	9	4	5
7	1	9	5	4	2	3	6	8

NO. 777

2	4	9	8	6	3	1	7	5
1	8	7	5	9	4	2	3	6
5	3	6	1	2	7	8	4	9
6	1	4	9	3	2	7	5	8
3	9	5	6	7	8	4	2	1
7	2	8	4	1	5	9	6	3
8	5	1	7	4	6	3	9	2
4	6	2	3	8	9	5	1	7
9	7	3	2	5	1	6	8	4

NO. 778

1	2	8	4	3	6	5	7	9
5	3	6	9	1	7	2	8	4
9	7	4	8	2	5	3	1	6
4	5	2	6	8	1	9	3	7
8	6	9	3	7	4	1	2	5
7	1	3	2	5	9	4	6	8
3	9	5	7	6	2	8	4	1
2	4	7	1	9	8	6	5	3
6	8	1	5	4	3	7	9	2

NO. 779

9	7	8	4	3	6	1	2	5
1	6	2	7	8	5	9	4	3
5	4	3	2	9	1	6	7	8
2	9	6	5	1	7	8	3	4
4	8	5	6	2	3	7	9	1
3	1	7	9	4	8	2	5	6
6	5	1	3	7	2	4	8	9
7	3	9	8	6	4	5	1	2
8	2	4	1	5	9	3	6	7

NO. 780

5	7	6	8	2	1	9	4	3
4	1	3	6	9	7	8	5	2
8	2	9	4	5	3	7	6	1
6	9	5	3	7	2	4	1	8
7	8	1	5	4	6	3	2	9
2	3	4	9	1	8	6	7	5
3	5	8	1	6	4	2	9	7
9	6	7	2	8	5	1	3	4
1	4	2	7	3	9	5	8	6

NO. 781

5	4	8	6	1	3	7	2	9
6	9	3	2	7	8	5	4	1
7	2	1	4	5	9	8	6	3
9	1	6	8	3	2	4	5	7
8	7	4	9	6	5	3	1	2
2	3	5	1	4	7	9	8	6
4	6	7	3	8	1	2	9	5
1	5	2	7	9	4	6	3	8
3	8	9	5	2	6	1	7	4

NO. 782

9	8	4	1	3	6	7	2	5
1	6	3	5	7	2	8	4	9
5	2	7	4	9	8	6	3	1
7	3	5	2	6	9	1	8	4
4	9	2	7	8	1	3	5	6
8	1	6	3	4	5	9	7	2
6	5	1	8	2	3	4	9	7
3	7	9	6	5	4	2	1	8
2	4	8	9	1	7	5	6	3

NO. 783

6	4	2	7	3	8	9	5	1
9	7	5	1	2	4	6	8	3
1	8	3	9	6	5	7	4	2
3	9	4	2	8	6	5	1	7
8	2	1	3	5	7	4	6	9
5	6	7	4	9	1	2	3	8
7	1	9	5	4	3	8	2	6
4	3	6	8	7	2	1	9	5
2	5	8	6	1	9	3	7	4

NO. 784

2	7	5	1	4	9	6	3	8
3	4	6	7	8	2	5	1	9
8	9	1	3	5	6	7	2	4
6	5	7	8	1	3	9	4	2
1	8	2	4	9	7	3	6	5
4	3	9	5	2	6	1	8	7
7	2	6	9	3	8	4	5	1
9	4	3	2	6	1	8	7	6
5	1	8	6	7	4	2	9	3

NO.629 ~ NO.1190 参考答案

NO. 785

8	4	5	7	6	3	9	1	2
9	3	7	2	5	1	4	8	6
6	2	1	8	9	4	5	7	3
2	6	3	5	8	7	1	9	4
1	5	8	9	4	2	6	3	7
4	7	9	1	3	6	2	5	8
5	8	6	3	2	9	7	4	1
7	9	4	6	1	8	3	2	5
3	1	2	4	7	5	8	6	9

NO. 786

8	9	3	2	7	5	4	1	6
7	6	4	9	1	3	5	2	8
2	5	1	6	4	8	3	7	9
6	7	2	3	8	9	1	5	4
3	1	8	4	5	6	2	9	7
9	4	5	1	2	7	8	6	3
1	2	7	8	6	4	9	3	5
5	8	9	7	3	2	6	4	1
4	3	6	5	9	1	7	8	2

NO. 787

9	2	3	4	5	6	1	7	8
7	1	5	2	8	9	3	4	6
8	6	4	7	3	1	2	9	5
1	3	2	8	4	7	6	5	9
4	8	9	5	6	2	7	1	3
5	7	6	9	1	3	4	8	2
2	9	1	6	7	8	5	3	4
6	5	7	3	9	4	8	2	1
3	4	8	1	2	5	9	6	7

NO. 788

1	3	4	7	9	5	8	2	6
2	8	9	3	6	1	4	7	5
6	5	7	2	4	8	3	1	9
8	4	3	6	7	2	5	9	1
7	6	1	9	5	3	2	8	4
9	2	5	1	8	4	7	6	3
3	1	8	5	2	6	9	4	7
5	9	2	4	1	7	6	3	8
4	7	6	8	3	9	1	5	2

NO. 789

9	8	5	6	2	1	7	4	3
4	7	2	8	3	9	5	6	1
3	1	6	4	5	7	8	9	2
7	5	8	3	6	4	1	2	9
6	3	9	2	1	8	4	7	5
2	4	1	9	7	5	3	8	6
8	9	7	1	4	3	2	5	6
1	2	4	5	9	6	3	8	7
5	6	3	7	8	2	9	1	4

NO. 790

9	5	7	2	6	8	3	4	1
4	3	6	5	1	9	7	2	8
1	8	2	4	7	3	5	9	6
3	7	5	1	2	4	8	6	9
2	1	9	6	8	5	4	3	7
6	4	8	3	9	7	2	1	5
5	9	3	8	4	1	6	7	2
8	6	4	7	9	2	1	5	3
7	2	1	9	5	6	9	8	4

NO. 791

9	7	8	6	3	4	1	2	5
1	6	2	5	8	7	9	4	3
5	4	3	1	9	2	6	7	8
3	1	7	8	4	9	2	5	6
4	8	5	3	2	6	7	9	1
2	9	6	7	1	5	8	3	4
6	5	1	2	7	3	4	8	9
7	3	9	4	6	8	5	1	2
8	2	4	9	5	1	3	6	7

NO. 792

5	6	2	8	3	4	7	1	9
3	9	8	7	2	1	5	4	6
4	7	1	6	9	5	2	3	8
9	3	7	2	4	8	6	5	1
8	1	5	9	6	7	4	2	3
2	4	6	1	5	3	9	8	7
1	2	3	4	7	6	8	9	5
6	5	4	3	8	9	1	7	2
7	8	9	5	1	2	3	6	4

NO. 793

1	2	7	4	5	9	3	6	8
3	9	6	2	7	8	1	4	5
8	4	5	6	1	3	9	2	7
6	1	9	8	3	2	7	5	4
4	7	8	9	6	5	2	1	3
5	3	2	1	4	7	6	8	9
9	8	3	5	2	6	4	7	1
2	5	1	7	9	4	8	3	6
7	6	4	3	8	1	5	9	2

NO. 794

7	2	5	8	9	4	1	3	6
3	6	1	2	7	5	9	4	8
4	8	9	6	3	1	5	2	7
6	1	8	5	4	3	2	7	9
2	9	4	1	8	7	6	5	3
5	3	7	9	6	2	4	8	1
8	4	2	7	1	9	3	6	5
9	7	3	4	5	6	8	1	2
1	5	6	3	2	8	7	9	4

NO. 795

6	1	5	2	8	4	3	9	7
3	2	9	7	5	1	6	4	8
7	4	8	3	6	9	2	1	5
8	3	1	5	4	6	9	7	2
4	5	7	8	9	2	1	6	3
9	6	2	1	3	7	5	8	4
2	7	3	9	1	8	4	5	6
1	8	6	4	2	5	7	3	9
5	9	4	6	7	3	8	2	1

NO. 796

8	3	5	9	6	1	4	7	2
7	4	6	3	2	8	5	9	1
2	1	9	7	5	4	3	8	6
4	5	3	2	9	7	1	6	8
9	2	8	6	1	3	7	4	5
6	7	1	8	4	5	9	2	3
3	8	4	1	7	2	6	5	9
1	6	7	5	8	9	2	3	4
5	9	2	4	3	6	8	1	7

133

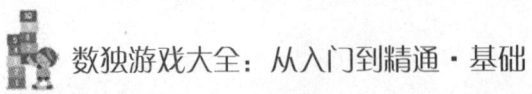

NO. 797
9	6	4	2	5	7	8	1	3
8	5	2	3	4	1	6	7	9
3	7	1	8	9	6	5	4	2
1	8	3	6	7	9	4	2	5
7	4	6	1	2	5	9	3	8
2	9	5	4	8	3	1	6	7
4	3	8	5	6	2	7	9	1
5	1	9	7	3	4	2	8	6
6	2	7	9	1	8	3	5	4

NO. 798
8	9	3	5	7	2	4	1	6
7	6	4	3	1	9	5	2	8
2	5	1	8	4	6	3	7	9
9	4	5	7	2	1	8	6	3
3	1	8	6	5	4	2	9	7
6	7	2	9	8	3	1	5	4
1	2	7	4	6	8	9	3	5
5	8	9	2	3	7	6	4	1
4	3	6	1	9	5	7	8	2

NO. 799
1	8	7	6	5	4	9	3	2
3	9	5	8	2	1	7	6	4
2	4	6	3	7	9	8	1	5
9	7	8	2	6	3	4	5	1
6	2	1	5	4	8	3	9	7
5	3	4	1	9	7	6	2	8
8	1	9	4	3	2	5	7	6
4	5	3	7	1	6	2	8	9
7	6	2	9	8	5	1	4	3

NO. 800
1	2	6	8	7	9	3	5	4
3	8	5	4	6	2	1	9	7
4	9	7	3	1	5	8	2	6
7	3	2	6	9	1	5	4	8
9	6	4	7	5	8	2	1	3
5	1	8	2	3	4	6	7	9
8	4	3	5	2	7	9	6	1
2	7	1	9	8	6	4	3	5
6	5	9	1	4	3	7	8	2

NO. 801
1	2	5	4	8	9	3	6	7
6	3	8	2	7	1	5	4	9
7	9	4	6	5	3	2	1	8
3	5	2	7	4	6	9	8	1
4	7	1	8	9	2	6	3	5
8	6	9	1	3	5	4	7	2
2	1	3	9	6	7	8	5	4
9	8	6	5	1	4	7	2	3
5	4	7	3	2	8	1	9	6

NO. 802
9	4	1	3	2	6	5	8	7
5	3	8	7	1	4	9	6	2
7	6	2	5	9	8	3	4	1
2	5	4	1	6	9	8	7	3
6	1	7	2	8	3	4	9	5
8	9	3	4	5	7	1	2	6
3	7	5	8	4	2	6	1	9
4	2	9	6	3	1	7	5	8
1	8	6	9	7	5	2	3	4

NO. 803
4	7	6	3	9	1	2	5	8
1	8	3	6	2	5	4	7	9
2	5	9	8	4	7	6	1	3
5	3	4	2	7	9	8	6	1
6	2	7	4	1	8	3	9	5
8	9	1	5	3	6	7	4	2
7	1	2	9	6	3	5	8	4
9	4	5	7	8	2	1	3	6
3	6	8	1	5	4	9	2	7

NO. 804
1	5	2	6	4	8	9	7	3
4	6	7	9	1	3	8	2	5
3	9	8	2	7	5	6	1	4
2	7	6	3	8	9	4	5	1
8	1	3	4	5	6	7	9	2
5	4	9	1	2	7	3	6	8
6	3	4	5	9	1	2	8	7
9	8	5	7	3	2	1	4	6
7	2	1	8	6	4	5	3	9

NO. 805
1	2	7	9	5	4	3	6	8
3	9	6	8	7	2	1	4	5
8	4	5	3	1	6	9	2	7
5	3	2	7	4	1	6	8	9
4	7	8	5	6	9	2	1	3
6	1	9	2	3	8	7	5	4
9	8	3	6	2	5	4	7	1
2	5	1	4	9	7	8	3	6
7	6	4	1	8	3	5	9	2

NO. 806
3	8	5	2	1	6	9	7	4
7	4	9	8	3	5	1	6	2
6	2	1	4	7	9	5	8	3
4	9	2	5	6	7	8	3	1
8	1	6	9	2	3	4	5	7
5	7	3	1	4	8	6	2	9
2	6	8	3	9	1	7	4	5
1	3	7	6	5	4	2	9	8
9	5	4	7	8	2	3	1	6

NO. 807
6	3	7	8	4	9	2	1	5
1	2	4	3	5	6	7	8	9
5	9	8	1	7	2	3	6	4
2	7	3	5	8	1	9	4	6
8	5	6	4	9	3	1	2	7
4	1	9	6	2	7	8	5	3
3	6	2	9	1	5	4	7	8
9	4	1	7	6	8	5	3	2
7	8	5	2	3	4	6	9	1

NO. 808
8	7	2	4	9	6	3	1	5
3	4	1	5	2	7	8	6	9
5	6	9	3	8	1	4	7	2
9	3	7	2	6	8	1	5	4
6	2	5	9	1	4	7	8	3
1	8	4	7	3	5	2	9	6
4	5	3	1	7	9	6	2	8
7	9	8	6	4	2	5	3	1
2	1	6	8	5	3	9	4	7

NO.629 ~ NO.1190 参考答案

NO. 809
8	4	5	3	6	7	9	1	2
9	3	7	1	5	2	4	8	6
6	2	1	4	9	8	5	7	3
4	7	9	6	3	1	2	5	8
1	5	8	2	4	9	6	3	7
2	6	3	7	8	5	1	9	4
5	8	6	9	2	3	7	4	1
7	9	4	8	1	6	3	2	5
3	1	2	5	7	4	8	6	9

NO. 810
3	6	1	2	9	8	5	7	4
7	8	5	4	6	1	9	3	2
2	4	9	3	5	7	1	6	8
9	2	8	1	4	6	7	5	3
6	1	4	5	7	3	2	8	9
5	3	7	9	8	2	4	1	6
4	7	2	8	3	5	6	9	1
1	5	3	6	2	9	8	4	7
8	9	6	7	1	4	3	2	5

NO. 811
1	3	2	9	6	5	8	4	7
8	9	4	7	2	3	1	5	6
7	5	6	8	1	4	9	3	2
6	8	3	2	5	1	4	7	9
5	2	7	6	4	9	3	1	8
4	1	9	3	8	7	2	6	5
9	7	8	4	3	6	5	2	1
3	6	1	5	9	2	7	8	4
2	4	5	1	7	8	6	9	3

NO. 812
2	1	5	3	9	7	8	6	4
8	3	6	4	5	1	2	7	9
4	7	9	8	2	6	3	1	5
9	8	1	5	7	2	6	4	3
7	5	4	9	6	3	1	2	8
6	2	3	1	8	4	5	9	7
3	4	8	6	1	9	7	5	2
1	9	2	7	3	5	4	8	6
5	6	7	2	4	8	9	3	1

NO. 813
1	6	7	3	4	8	2	9	5
2	3	9	5	7	6	1	8	4
5	8	4	2	1	9	3	6	7
4	2	6	7	8	1	9	5	3
8	7	5	4	9	3	6	1	2
9	1	3	6	2	5	7	4	8
3	5	2	9	6	4	8	7	1
6	4	1	8	3	7	5	2	9
7	9	8	1	5	2	4	3	6

NO. 814
1	3	2	9	4	6	8	5	7
8	9	5	7	2	3	1	6	4
7	6	4	8	1	5	9	3	2
4	8	3	2	6	1	5	7	9
6	2	7	4	9	3	1	8	
5	1	9	3	8	7	2	4	6
9	7	8	5	3	4	6	2	1
3	4	1	6	9	2	7	8	5
2	5	6	1	7	8	4	9	3

NO. 815
4	7	6	1	9	3	2	5	8
1	8	3	5	2	6	4	7	9
2	5	9	7	4	8	6	1	3
8	9	1	6	3	5	7	4	2
6	2	7	8	1	4	3	9	5
5	3	4	9	7	2	8	6	1
7	1	2	3	6	9	5	8	4
9	4	5	2	8	7	1	3	6
3	6	8	4	5	1	9	2	7

NO. 816
9	6	7	5	2	8	4	1	3
5	4	1	6	9	3	7	2	8
8	3	2	1	7	4	6	5	9
2	7	5	3	4	1	9	8	6
6	9	3	8	5	2	1	7	4
4	1	8	9	6	7	5	3	2
1	2	4	7	3	6	8	9	5
3	8	9	4	1	5	2	6	7
7	5	6	2	8	9	3	4	1

NO. 817
8	9	6	2	1	4	5	7	3
4	3	2	6	5	7	8	9	1
5	7	1	3	8	9	6	4	2
7	2	8	5	9	1	3	6	4
6	5	9	8	4	3	2	1	7
3	1	4	7	2	6	9	8	5
9	4	5	1	6	2	7	3	8
1	8	7	9	3	5	4	2	6
2	6	3	4	7	8	1	5	9

NO. 818
4	7	3	2	6	1	8	9	5
9	8	6	7	5	4	3	2	1
5	1	2	9	3	8	7	4	6
8	3	7	5	2	9	1	6	4
2	5	4	6	1	7	9	8	3
6	9	1	4	8	3	2	5	7
7	4	8	1	9	6	5	3	2
1	6	9	3	4	2	6	7	8
3	2	5	8	7	6	4	1	9

NO. 819
3	2	5	7	4	1	6	9	8
6	7	9	8	5	2	3	1	4
8	1	4	6	3	9	7	2	5
4	6	2	5	1	3	9	8	7
1	5	8	4	9	7	2	3	6
9	3	7	2	6	8	1	5	2
7	8	6	9	2	4	5	7	1
2	4	3	1	7	5	8	6	9
5	9	1	3	8	6	4	7	2

NO. 820
1	2	6	4	9	8	3	7	5
7	3	9	1	5	2	6	8	4
5	4	8	3	6	7	2	1	9
9	7	4	6	3	1	8	5	2
8	5	1	2	4	9	7	3	6
3	6	2	7	8	5	4	9	1
2	1	3	5	7	4	9	6	8
4	9	7	8	1	6	5	2	3
6	8	5	9	2	3	1	4	7

135

NO. 821

3	5	4	6	8	7	2	1	9
2	6	1	9	4	5	3	7	8
9	7	8	2	3	1	6	5	4
8	2	5	4	7	3	1	9	6
7	4	9	8	1	6	5	3	2
1	3	6	5	2	9	4	8	7
6	9	2	1	5	8	7	4	3
5	8	3	7	6	4	9	2	1
4	1	7	3	9	2	8	6	5

NO. 822

2	8	4	9	7	6	3	1	5
1	3	7	8	5	2	4	9	6
5	6	9	1	4	3	8	2	7
3	4	8	5	9	1	6	7	2
9	5	2	7	6	8	1	3	4
7	1	6	2	3	4	9	5	8
8	2	3	6	1	5	7	4	9
6	7	1	4	2	9	5	8	3
4	9	5	3	8	7	2	6	1

NO. 823

2	5	9	8	4	3	1	7	6
1	8	7	6	9	5	2	3	4
6	3	4	1	2	7	8	5	9
4	1	5	9	3	2	7	6	8
3	9	6	4	7	8	5	2	1
7	2	8	5	1	6	9	4	3
8	6	1	7	5	4	3	9	2
5	4	2	3	8	9	6	1	7
9	7	3	2	6	1	4	8	5

NO. 824

1	8	7	4	6	5	9	3	2
3	9	6	8	2	1	7	4	5
2	5	4	3	7	9	8	1	6
9	7	8	2	4	3	5	6	1
4	2	1	6	5	8	3	9	7
6	3	5	1	9	7	4	2	8
8	1	9	5	3	2	6	7	4
5	6	3	7	1	4	2	8	9
7	4	2	9	8	6	1	5	3

NO. 825

9	5	2	7	4	8	3	1	6
3	8	1	5	2	6	9	7	4
6	7	4	1	9	3	8	5	2
1	9	8	6	3	5	2	4	7
7	2	6	8	1	4	5	9	3
4	3	5	9	7	2	1	6	8
8	6	3	4	5	1	7	2	9
5	4	9	2	8	7	6	3	1
2	1	7	3	6	9	4	8	5

NO. 826

1	4	3	5	8	2	6	9	7
5	6	9	4	1	7	3	8	2
2	7	8	9	3	6	4	5	1
8	3	5	7	6	9	1	2	4
4	1	7	2	5	8	9	3	6
6	9	2	1	4	3	5	7	8
9	8	6	3	7	4	2	1	5
7	2	1	6	9	5	8	4	3
3	5	4	8	2	1	7	6	9

NO. 827

8	9	6	4	1	2	5	7	3
4	3	2	7	5	6	8	9	1
5	7	1	9	8	3	6	4	2
3	1	4	6	2	7	9	8	5
6	5	9	3	4	8	2	1	7
7	2	8	1	9	5	3	6	4
9	4	5	2	6	1	7	3	8
1	8	7	5	3	9	4	2	6
2	6	3	8	7	4	1	5	9

NO. 828

3	7	2	5	6	9	4	1	8
6	8	4	3	1	2	7	5	9
1	5	9	7	4	8	2	3	6
8	1	7	2	3	5	9	4	2
9	6	5	8	7	4	3	2	1
2	4	3	9	5	1	8	6	7
5	9	1	4	2	7	6	8	3
7	3	6	1	8	5	9	4	2
4	2	8	6	9	3	1	7	5

NO. 829

9	4	7	6	1	3	8	2	5
1	3	6	2	5	8	4	7	9
5	8	2	7	9	4	3	6	1
3	5	1	4	8	2	7	9	6
8	2	9	6	7	5	1	3	4
6	7	9	1	3	5	2	4	8
2	6	8	5	7	9	1	3	4
7	9	5	3	4	1	6	8	2
4	1	3	8	2	6	9	5	7

NO. 830

4	8	3	6	1	9	5	7	2
9	5	1	2	4	7	3	6	8
7	2	6	8	3	5	1	9	4
2	6	7	3	5	8	9	4	1
8	3	4	1	9	6	7	2	5
5	1	9	4	7	2	6	8	3
1	9	5	7	2	4	8	3	6
6	7	2	5	8	3	4	1	9
3	4	8	9	6	1	2	5	7

NO. 831

6	8	1	2	4	9	3	7	5
4	9	2	7	5	3	8	1	6
5	7	3	1	6	8	9	2	4
9	5	4	8	3	7	1	6	2
3	7	8	6	2	1	5	4	9
2	1	6	4	9	5	7	8	3
7	2	3	5	1	6	4	9	8
1	6	5	9	8	4	2	3	7
8	4	9	3	7	2	6	5	1

NO. 832

5	1	6	4	7	8	9	2	3
7	8	4	2	3	9	1	6	5
3	9	2	6	5	1	8	4	7
2	4	9	3	6	5	7	8	1
6	5	3	8	1	7	4	9	2
1	7	8	9	2	4	5	3	6
8	3	7	1	9	2	6	5	4
9	2	1	5	4	6	3	7	8
4	6	5	7	8	3	2	1	9

NO.833

7	8	1	2	4	9	3	6	5
4	9	2	6	5	3	8	1	7
5	3	6	1	7	8	9	2	4
6	5	4	8	3	7	1	9	2
3	7	8	9	2	1	5	4	6
2	1	9	4	6	5	7	8	3
9	2	3	5	1	6	4	7	8
1	6	5	7	8	4	2	3	9
8	4	7	3	9	2	6	5	1

NO.834

2	1	6	5	3	7	8	4	9
7	8	4	9	2	1	6	5	3
3	9	5	4	6	8	1	7	2
9	5	3	6	8	4	7	2	1
1	6	2	3	7	5	4	9	8
8	4	7	2	1	9	5	3	6
4	7	8	1	9	2	3	6	5
5	3	9	8	4	6	2	1	7
6	2	1	7	5	3	9	8	4

NO.835

7	2	3	5	4	6	1	9	8
4	6	5	9	8	1	2	3	7
8	1	9	3	7	2	6	5	4
6	8	1	2	3	9	4	7	5
3	9	2	7	5	4	8	1	6
5	4	7	1	6	8	9	2	3
9	5	4	8	1	7	3	6	2
1	7	8	6	2	3	5	4	9
2	3	6	4	9	5	7	8	1

NO.836

1	9	8	3	6	2	4	7	5
5	3	7	8	4	9	2	1	6
6	2	4	7	5	1	9	8	3
2	4	6	5	1	7	8	3	9
9	8	1	6	2	3	7	5	4
3	7	5	4	9	8	1	6	2
7	5	3	9	8	4	6	2	1
4	6	2	1	7	5	3	9	8
8	1	9	2	3	6	5	4	7

NO.837

5	1	7	3	9	2	6	8	4
9	2	3	8	4	6	1	7	5
4	6	8	7	5	1	2	3	9
2	4	6	1	7	8	9	5	3
7	8	1	5	3	9	4	6	2
3	9	5	6	2	4	8	1	7
8	3	9	4	6	5	7	2	1
6	5	4	2	1	7	3	9	8
1	7	2	9	8	3	5	4	6

NO.838

7	3	5	4	2	9	8	6	1
2	9	4	6	1	8	3	5	7
1	8	6	5	7	3	9	4	2
9	4	8	1	5	6	2	7	3
5	6	1	7	3	2	4	8	9
3	2	7	8	9	4	6	1	5
6	1	2	3	8	7	5	9	4
8	7	3	9	4	5	1	2	6
4	5	9	2	6	1	7	3	8

NO.839

2	7	1	8	6	4	5	9	3
4	5	6	3	2	9	1	8	7
9	3	8	7	1	5	6	4	2
3	8	9	1	5	7	4	2	6
7	1	2	6	4	8	9	3	5
5	6	4	2	9	3	8	7	1
6	4	5	9	3	2	7	1	8
8	9	3	5	7	1	2	6	4
1	2	7	4	8	6	3	5	9

NO.840

2	7	1	6	4	5	3	8	9
4	5	6	8	9	3	7	1	2
9	3	8	1	2	7	5	6	4
5	9	3	7	1	8	4	2	6
1	8	7	2	6	4	9	3	5
6	4	2	3	5	9	8	7	1
8	6	4	9	3	2	1	5	7
3	2	9	5	7	1	6	4	8
7	1	5	4	8	6	2	9	3

NO.841

1	5	6	4	2	9	3	8	7
7	3	2	6	1	8	9	4	5
8	9	4	5	7	3	2	6	1
9	4	8	7	3	5	6	1	2
5	6	1	2	9	4	8	7	3
3	2	7	1	8	6	4	5	9
2	7	3	8	6	1	5	9	4
4	8	9	3	5	7	1	2	6
6	1	5	9	4	2	7	3	8

NO.842

9	4	1	5	7	2	8	3	6
7	2	5	3	6	8	4	1	9
6	8	3	1	9	4	2	5	7
3	5	8	6	1	9	7	2	4
1	9	6	2	4	7	5	8	3
4	7	2	8	3	5	9	6	1
2	6	7	4	8	3	1	9	5
8	3	4	9	5	1	6	7	2
5	1	9	7	2	6	3	4	8

NO.843

2	6	8	3	5	1	9	4	7
7	9	5	8	2	4	1	3	6
4	1	3	6	7	9	5	8	2
1	3	4	7	9	6	8	2	5
6	8	2	5	1	3	4	7	9
9	5	7	2	4	8	3	6	1
5	7	9	4	8	2	6	1	3
3	4	1	9	6	7	2	5	8
8	2	6	1	3	5	7	9	4

NO.844

5	7	9	1	3	4	2	6	8
3	4	1	6	8	2	7	9	5
8	2	6	9	5	7	4	1	3
6	1	3	8	2	5	9	4	7
2	5	8	4	7	9	1	3	6
7	9	4	3	6	1	5	8	2
4	8	2	7	9	6	3	5	1
9	6	7	5	1	3	8	2	4
1	3	5	2	4	8	6	7	9

NO. 845

3	5	8	9	4	1	2	6	7
1	9	6	7	2	5	8	3	4
4	7	2	6	8	3	5	1	9
7	2	4	8	3	6	1	9	5
5	8	3	4	1	9	6	7	2
9	6	1	2	5	7	3	4	8
6	1	9	5	7	2	4	8	3
2	4	7	3	6	8	9	5	1
8	3	5	1	9	4	7	2	6

NO. 846

8	3	7	1	6	2	9	5	4
6	2	1	5	4	9	3	7	8
4	9	5	7	8	3	2	1	6
5	1	6	4	9	8	7	2	3
9	8	4	2	3	7	1	6	5
3	7	2	6	5	1	8	4	9
2	4	9	3	7	5	6	8	1
7	5	3	8	1	6	4	9	2
1	6	8	9	2	4	5	3	7

NO. 847

8	3	9	2	4	6	5	1	7
6	5	4	7	8	1	9	2	3
1	7	2	3	9	5	4	6	8
7	2	1	9	5	3	6	8	4
3	9	8	4	6	2	1	7	5
5	4	6	8	1	7	2	3	9
4	6	5	1	7	8	3	9	2
2	1	7	5	3	9	8	4	6
9	8	3	6	2	4	7	5	1

NO. 848

8	3	7	1	9	2	6	5	4
9	2	1	5	4	6	3	7	8
4	6	5	7	8	3	2	1	9
5	1	6	4	7	8	9	2	3
7	8	4	2	3	9	1	6	5
3	9	2	6	5	1	8	4	7
2	4	9	3	6	5	7	8	1
6	5	3	8	1	7	4	9	2
1	7	8	9	2	4	5	3	6

NO. 849

6	8	4	7	2	1	9	5	3
3	7	5	4	9	8	1	6	2
2	1	9	5	3	6	8	4	7
1	9	2	3	6	5	4	7	8
8	4	6	2	1	7	5	3	9
7	5	3	9	8	4	6	2	1
5	3	7	8	4	9	2	1	6
9	2	1	6	5	3	7	8	4
4	6	8	1	7	2	3	9	5

NO. 850

4	7	5	6	8	1	2	3	9
8	1	6	3	9	2	7	5	4
9	2	3	5	4	7	1	6	8
3	6	2	9	5	4	8	1	7
5	4	9	1	7	8	6	2	3
7	8	1	2	3	6	4	9	5
1	9	8	7	2	3	5	4	6
2	3	7	4	6	5	9	8	1
6	5	4	8	1	9	3	7	2

NO. 851

8	3	9	2	4	6	5	1	7
7	5	4	9	8	1	6	2	3
1	6	2	3	7	5	4	9	8
6	2	1	7	5	3	9	8	4
3	9	8	4	6	2	1	7	5
5	4	7	8	1	9	2	3	6
4	7	5	1	9	8	3	6	2
2	1	6	5	3	7	8	4	9
9	8	3	6	2	4	7	5	1

NO. 852

5	1	7	8	3	9	2	4	6
6	2	3	7	5	4	9	8	1
4	9	8	1	6	2	3	7	5
9	8	4	6	2	1	7	5	3
1	7	5	9	8	3	4	6	2
2	3	6	5	4	7	8	1	9
3	6	2	4	7	5	1	9	8
8	4	9	2	1	6	5	3	7
7	5	1	3	9	8	6	2	4

NO. 853

2	4	6	1	7	8	9	5	3
7	8	1	5	3	9	4	6	2
3	9	5	6	2	4	8	1	7
8	3	9	4	6	5	7	2	1
6	5	4	2	1	7	3	9	8
1	7	2	9	8	3	5	4	6
5	1	7	3	9	2	6	8	4
9	2	3	8	4	6	1	7	5
4	6	8	7	5	1	2	3	9

NO. 854

8	3	7	2	4	9	5	1	6
6	2	1	7	5	3	9	8	4
4	9	5	1	6	8	3	7	2
9	5	4	6	8	1	7	2	3
3	7	8	4	9	2	1	6	5
2	1	6	5	3	7	8	4	9
1	6	2	9	7	5	4	3	8
5	4	9	8	1	6	2	3	7
7	8	3	9	2	4	6	5	1

NO. 855

9	3	6	4	5	1	8	7	2
1	4	7	2	8	3	6	9	5
5	2	8	7	6	9	3	1	4
2	8	5	6	9	7	1	4	3
3	6	9	5	1	4	7	2	8
4	7	1	3	2	8	9	5	6
7	1	4	9	3	2	5	6	9
8	5	2	9	7	6	4	3	1
6	9	3	1	4	5	2	8	7

NO. 856

6	8	3	4	5	2	7	1	9
5	2	4	1	9	7	8	3	6
9	7	1	3	6	8	2	4	5
2	4	7	9	3	1	5	6	8
3	1	9	6	8	5	4	7	2
8	5	6	7	2	4	1	9	3
1	9	5	8	7	6	3	2	4
7	6	8	2	4	3	9	5	1
4	3	2	5	1	9	6	8	7

NO.629 ~ NO.1190 参考答案

NO. 857

9	3	6	7	1	4	2	8	5
1	4	7	8	5	2	3	6	9
5	2	8	6	9	3	4	7	1
8	7	2	5	6	9	1	4	3
6	9	5	4	3	1	7	2	8
3	1	4	2	8	7	9	5	6
4	5	1	3	2	8	6	9	7
2	8	3	9	7	6	5	1	4
7	6	9	1	4	5	8	3	2

NO. 858

1	4	3	8	7	2	5	6	9
7	2	8	6	9	5	4	3	1
9	5	6	3	1	4	2	8	7
6	9	7	4	5	1	3	2	8
5	1	4	2	8	3	9	7	6
8	3	2	7	6	9	1	4	5
2	8	5	9	3	6	7	1	4
3	6	9	1	4	7	8	5	2
4	7	1	5	2	8	6	9	3

NO. 859

1	3	7	5	8	4	9	6	2
4	9	8	2	1	6	7	5	3
6	2	5	3	7	9	8	4	1
2	5	6	7	9	3	4	1	8
3	7	1	8	4	5	6	2	9
9	8	4	1	6	2	5	3	7
8	4	9	6	2	1	3	7	5
5	6	2	9	3	7	1	8	4
7	1	3	4	5	8	2	9	6

NO. 860

1	3	2	6	4	5	7	9	8
4	5	6	9	8	7	3	2	1
8	7	9	2	1	3	5	6	4
9	6	4	8	7	1	2	5	3
7	1	8	5	3	2	6	4	9
3	2	5	4	9	6	1	8	7
5	8	7	3	2	9	4	1	6
2	9	3	1	6	4	8	7	5
6	4	1	7	5	8	9	3	2

NO. 861

5	8	7	9	6	4	1	3	2
2	9	3	7	1	8	4	5	6
6	4	1	3	2	5	8	7	9
4	1	6	2	5	3	7	9	8
8	7	5	6	4	9	3	2	1
9	3	2	1	8	7	6	4	5
3	2	9	8	7	1	5	6	4
1	6	4	5	3	2	9	8	7
7	5	8	4	9	6	2	1	3

NO. 862

9	6	2	3	7	5	4	1	8
7	5	3	1	8	4	6	2	9
8	4	1	2	9	6	5	3	7
5	8	4	6	2	1	7	9	3
2	1	6	7	3	9	8	4	5
3	7	9	4	5	8	1	6	2
1	3	7	8	4	9	2	5	6
4	9	8	5	6	2	3	7	1
6	2	5	9	1	3	9	8	4

NO. 863

5	3	8	6	2	7	4	9	1
7	4	2	1	5	9	8	6	3
9	1	6	3	8	4	2	7	5
1	6	9	8	4	3	7	5	2
3	8	5	2	7	6	9	1	4
4	2	7	5	9	1	6	3	8
2	7	4	9	1	5	3	8	6
6	9	1	4	3	8	5	2	7
8	5	3	7	6	2	1	4	9

NO. 864

7	5	9	6	2	8	3	1	4
2	8	6	1	4	3	5	9	7
4	3	1	9	7	5	8	6	2
8	2	5	3	1	9	7	6	1
3	1	5	7	6	9	4	2	8
6	9	7	2	8	4	1	5	3
1	6	3	4	9	7	2	8	5
9	7	8	5	2	6	3	1	9
5	2	8	3	1	6	7	4	9

NO. 865

2	7	4	1	6	9	5	3	8
6	9	1	3	8	5	7	4	2
8	5	3	4	2	7	9	1	6
3	8	6	7	5	2	4	9	1
5	2	7	9	1	4	8	6	3
1	4	9	6	3	8	2	7	5
9	1	5	8	4	6	3	2	7
4	3	8	2	7	1	6	5	9
7	6	2	5	9	3	1	8	4

NO. 866

2	8	5	9	7	6	3	1	4
6	3	1	4	2	8	5	9	7
7	4	9	1	5	3	8	6	2
4	9	7	5	3	1	6	2	8
8	5	2	7	6	9	1	4	3
3	1	6	2	8	4	9	7	5
1	6	3	8	4	2	7	5	9
9	7	4	3	1	5	2	8	6
5	2	8	6	9	7	4	3	1

NO. 867

3	7	5	6	8	1	2	4	9
8	1	6	4	9	2	7	5	3
9	2	4	5	3	7	1	6	8
1	6	2	9	5	4	8	3	7
5	4	9	3	7	8	6	2	1
7	8	3	1	2	6	4	9	5
4	9	8	7	2	3	5	1	6
2	3	7	1	6	5	9	8	4
6	5	1	8	4	9	3	7	2

NO. 868

5	3	1	9	7	6	8	4	2
7	6	9	4	2	8	3	1	5
2	8	4	1	5	3	6	9	7
4	9	7	2	8	5	1	6	3
8	5	2	6	3	1	9	7	4
3	1	6	7	4	9	5	2	8
6	2	8	3	1	4	7	5	9
1	4	3	5	9	7	2	8	6
9	7	5	8	6	2	4	3	1

139

NO. 869

8	3	9	4	6	5	7	2	1
6	5	4	2	1	7	3	9	8
1	7	2	9	8	3	5	4	6
5	1	7	3	9	2	6	8	4
9	2	3	8	4	6	1	7	5
4	6	8	7	5	1	2	3	9
2	4	6	1	7	8	9	5	3
7	8	1	5	3	9	4	6	2
3	9	5	6	2	4	8	1	7

NO. 870

9	5	4	6	8	1	7	2	3
3	7	8	4	9	2	1	6	5
2	1	6	5	3	7	8	4	9
1	6	2	3	7	5	4	9	8
5	4	9	8	1	6	2	3	7
7	8	3	9	2	4	6	5	1
8	3	7	2	4	9	5	1	6
6	2	1	7	5	3	9	8	4
4	9	5	1	6	8	3	7	2

NO. 871

1	6	9	5	3	8	2	7	4
3	8	5	7	4	2	6	9	1
4	2	7	9	1	6	8	5	3
7	5	2	4	9	1	3	8	6
9	1	4	8	6	3	5	2	7
6	3	8	2	7	5	1	4	9
8	4	3	6	2	7	9	1	5
2	7	6	1	5	9	4	3	8
5	9	1	3	8	4	7	6	2

NO. 872

8	4	2	7	5	9	1	6	3
3	1	5	2	8	6	9	7	4
6	9	7	4	3	1	5	2	8
9	7	6	3	1	4	2	8	5
4	2	8	5	9	7	6	3	1
1	5	3	8	6	2	7	4	9
5	3	1	6	2	8	4	9	7
7	6	9	1	4	3	8	5	2
2	8	4	9	7	5	3	1	6

NO. 873

5	3	1	9	7	6	8	4	2
7	6	9	4	2	8	3	1	5
2	8	4	1	5	3	6	9	7
4	9	7	2	8	5	1	6	3
8	5	2	6	3	1	9	7	4
3	1	6	7	4	9	5	2	8
6	2	8	3	1	4	7	5	9
1	4	3	5	9	7	2	8	6
9	7	5	8	6	2	4	3	1

NO. 874

7	5	2	1	6	9	8	4	3
9	1	4	3	8	5	2	7	6
6	3	8	4	2	7	5	9	1
3	8	6	2	7	4	9	1	5
5	2	7	6	9	1	4	3	8
1	4	9	8	5	3	7	6	2
4	9	1	5	3	8	6	2	7
8	6	3	7	4	2	1	5	9
2	7	5	9	1	6	3	8	4

NO. 875

2	7	3	9	4	8	1	5	6
4	8	9	5	6	1	7	2	3
6	1	5	3	2	7	8	9	4
5	9	4	6	1	2	3	8	7
1	2	6	8	7	3	9	4	5
7	3	8	4	5	9	2	6	1
8	6	1	7	3	5	4	2	9
3	5	7	2	9	4	6	1	8
9	4	2	1	8	6	5	7	3

NO. 876

2	7	1	8	6	4	5	9	3
4	5	6	3	2	9	1	8	7
9	3	8	7	1	5	6	4	2
3	8	9	1	5	7	4	2	6
7	1	2	6	4	8	9	3	5
5	6	4	2	9	3	8	7	1
6	4	5	9	3	2	7	1	8
8	9	3	5	7	1	2	6	4
1	2	7	4	8	6	3	5	9

NO. 877

2	7	3	9	1	8	4	5	6
1	8	9	5	6	4	7	3	2
6	4	5	3	2	7	8	9	1
5	9	4	6	3	2	1	8	7
3	2	6	8	7	1	9	4	5
7	1	8	4	5	9	2	6	3
8	6	1	7	4	5	3	2	9
4	5	7	2	9	3	6	1	8
9	3	2	1	8	6	5	7	4

NO. 878

4	2	6	3	8	9	1	5	7
7	3	5	6	1	2	9	4	8
8	9	1	5	7	4	2	6	3
9	1	8	7	4	5	6	3	2
2	6	4	8	9	3	5	7	1
3	5	7	1	2	6	4	8	9
5	7	3	2	6	1	8	9	4
1	8	9	4	5	7	3	2	6
6	4	2	9	3	8	7	1	5

NO. 879

6	3	5	4	2	9	8	7	1
2	9	4	7	1	8	3	5	6
1	8	7	5	6	3	9	4	2
7	4	8	1	5	6	2	9	3
5	6	1	9	3	2	4	8	7
3	2	9	8	7	4	6	1	5
9	1	2	3	8	7	5	6	4
8	7	3	6	4	5	1	2	9
4	5	6	2	9	1	7	3	8

NO. 880

2	7	1	8	6	4	5	9	3
3	5	6	1	2	9	4	8	7
9	4	8	7	3	5	6	1	2
4	8	9	3	5	7	1	2	6
7	1	2	6	4	8	9	3	5
5	6	3	2	9	1	8	7	4
6	3	5	9	1	2	7	4	8
8	9	4	5	7	3	2	6	1
1	2	7	4	8	6	3	5	9

NO.881

5	9	3	2	7	1	8	6	4
4	8	7	3	5	6	1	2	9
6	1	2	9	4	8	7	3	5
1	2	6	4	8	9	3	5	7
9	3	5	7	1	2	6	4	8
8	7	4	5	6	3	2	9	1
7	4	8	6	3	5	9	1	2
2	6	1	8	9	4	5	7	3
3	5	9	1	2	7	4	8	6

NO.882

8	6	4	9	3	2	1	5	7
3	2	9	5	7	1	6	4	8
7	1	5	4	8	6	2	9	3
2	7	1	6	4	5	3	8	9
4	5	6	8	9	3	7	1	2
9	3	8	1	2	7	5	6	4
5	9	3	7	1	8	4	2	6
1	8	7	2	6	4	9	3	5
6	4	2	3	5	9	8	7	1

NO.883

2	7	3	8	6	1	5	9	4
4	8	9	3	5	7	1	2	6
6	1	5	9	4	2	7	3	8
1	5	6	4	2	9	3	8	7
7	3	2	6	1	8	9	4	5
8	9	4	5	7	3	2	6	1
9	4	8	7	3	5	6	1	2
5	6	1	2	9	4	8	7	3
3	2	7	1	8	6	4	5	9

NO.884

1	7	4	6	5	9	2	3	8
9	6	3	8	2	7	4	1	5
5	8	2	3	4	1	7	9	6
8	2	5	4	1	3	9	6	7
7	4	1	5	9	6	3	8	2
6	3	9	2	7	8	1	5	4
3	9	6	7	8	2	5	4	1
2	5	8	1	3	4	6	7	9
4	1	7	9	6	5	8	2	3

NO.885

4	2	7	6	5	8	3	9	1
5	8	6	9	1	3	2	7	4
1	3	9	7	4	2	8	6	5
8	6	3	1	7	9	5	4	2
7	9	1	4	2	5	6	3	8
2	5	4	3	8	6	9	1	7
9	1	5	2	3	4	7	8	6
3	4	2	8	6	7	1	5	9
6	7	8	5	9	1	4	2	3

NO.886

1	7	4	3	9	6	8	2	5
9	6	3	2	5	8	7	4	1
5	8	2	4	1	7	6	3	9
2	3	8	5	4	1	9	6	7
4	1	5	6	7	9	3	8	2
7	9	6	8	2	3	1	5	4
6	5	9	7	8	2	4	1	3
8	2	7	1	3	4	5	9	6
3	4	1	9	6	5	2	7	8

NO.887

9	6	7	2	3	8	5	4	1
3	8	2	4	1	5	6	7	9
1	5	4	7	9	6	8	2	3
4	1	3	6	5	9	7	8	2
5	9	6	8	2	7	1	3	4
2	7	8	3	4	1	9	6	5
8	2	5	1	7	4	3	9	6
7	4	1	9	6	3	2	5	8
6	3	9	5	8	2	4	1	7

NO.888

9	7	3	5	2	6	1	4	8
6	1	2	8	9	4	3	5	7
4	8	5	7	3	1	2	6	9
8	5	4	3	1	7	6	9	2
7	3	9	2	6	5	4	8	1
1	2	6	9	4	8	5	7	3
2	6	1	4	8	9	7	3	5
5	4	8	1	7	3	9	2	6
3	9	7	6	5	2	8	1	4

NO.889

9	7	8	4	6	5	3	1	2
6	5	4	1	2	3	7	8	9
2	3	1	8	9	7	5	4	6
1	4	6	2	3	9	8	5	7
3	9	2	5	7	8	4	6	1
7	8	5	6	1	4	9	2	3
5	2	3	7	8	1	6	9	4
8	1	7	9	4	6	2	3	5
4	6	9	3	5	2	1	7	8

NO.890

5	2	3	1	4	6	9	7	8
8	1	7	3	9	2	6	5	4
4	6	9	7	8	5	2	3	1
6	9	4	8	5	7	3	1	2
2	3	5	4	6	1	7	8	9
1	7	8	9	2	3	5	4	6
7	8	1	2	3	9	4	6	5
9	4	6	5	7	8	1	2	3
3	5	2	6	1	4	8	9	7

NO.891

1	4	8	7	3	5	6	9	2
3	5	7	9	2	6	4	8	1
2	6	9	8	1	4	5	7	3
5	2	6	4	8	9	3	1	7
8	9	4	1	7	3	2	6	5
7	3	1	6	5	2	9	4	8
9	7	3	2	6	1	8	5	4
6	1	2	5	4	8	7	3	9
4	8	5	3	9	7	1	2	6

NO.892

5	7	2	4	8	3	6	1	9
3	6	8	9	5	1	2	4	7
1	9	4	7	2	6	8	3	5
9	4	1	2	6	7	3	5	8
7	2	5	8	3	4	1	9	6
6	8	3	5	1	9	4	7	2
8	1	6	3	9	5	7	2	4
4	1	9	6	7	2	5	8	3
2	5	7	3	4	8	9	6	1

NO. 893

3	5	1	4	8	2	7	9	6
8	2	4	9	6	7	5	1	3
6	7	9	1	3	5	2	4	8
2	6	8	5	7	9	1	3	4
7	9	5	3	4	1	6	8	2
4	1	3	8	2	6	9	5	7
9	4	7	6	1	3	8	2	5
1	3	6	2	5	8	4	7	9
5	8	2	7	9	4	3	6	1

NO. 894

8	3	6	9	4	1	5	7	2
4	1	9	7	2	5	3	6	8
2	5	7	6	8	3	1	9	4
7	2	4	3	5	8	6	1	9
5	8	3	1	9	6	2	4	7
9	6	1	4	7	2	8	3	5
1	9	5	2	6	7	4	8	3
6	7	2	8	3	4	9	5	1
3	4	8	5	1	9	7	2	6

NO. 895

8	2	5	1	3	4	7	9	6
4	7	9	6	8	2	5	1	3
3	6	1	9	5	7	2	4	8
6	1	3	5	7	9	4	8	2
2	5	8	3	4	1	9	6	7
7	9	4	8	2	6	1	3	5
9	4	7	2	6	8	3	5	1
1	3	6	7	9	5	8	2	4
5	8	2	4	1	3	6	7	9

NO. 896

4	2	9	8	6	1	7	3	5
6	1	8	3	5	7	2	9	4
5	7	3	9	4	2	1	8	6
1	5	6	2	7	3	9	4	8
7	3	2	4	8	9	5	6	1
8	9	4	6	1	5	3	2	7
3	8	7	5	9	4	6	1	2
9	4	5	1	2	6	8	7	3
2	6	1	7	3	8	4	5	9

NO. 897

8	6	4	5	9	3	2	7	1
3	2	9	1	8	7	4	5	6
7	1	5	6	4	2	9	3	8
1	5	7	4	2	6	3	8	9
6	4	8	9	3	5	7	1	2
2	9	3	8	7	1	5	6	4
9	3	2	7	1	8	6	4	5
5	7	1	2	6	4	8	9	3
4	8	6	3	5	9	1	2	7

NO. 898

6	4	5	3	8	9	2	7	1
8	9	3	7	1	2	4	5	6
1	2	7	5	6	4	9	3	8
7	1	8	4	2	6	5	9	3
2	6	4	9	3	5	1	8	7
3	5	9	8	7	1	6	4	2
9	3	2	1	5	7	8	6	4
5	7	1	6	4	8	3	2	9
4	8	6	2	9	3	7	1	5

NO. 899

4	2	9	3	8	7	1	5	6
6	1	8	9	4	5	7	3	2
5	7	3	2	6	1	8	9	4
7	3	5	6	1	2	9	4	8
2	9	4	8	7	3	5	6	1
1	8	6	4	5	9	3	2	7
8	6	1	5	9	4	2	7	3
3	5	7	1	2	6	4	8	9
9	4	2	7	3	8	6	1	5

NO. 900

4	8	3	1	9	5	2	6	7
9	5	1	6	7	2	8	3	4
7	2	6	3	4	8	5	1	9
5	7	2	8	3	6	9	4	1
3	6	8	4	1	9	7	2	5
1	9	4	2	5	7	6	8	3
6	1	9	7	2	4	3	5	8
2	4	7	5	8	3	1	9	6
8	3	5	9	6	1	4	7	2

NO. 901

9	4	7	2	6	8	3	5	1
1	3	6	7	9	5	8	2	4
5	8	2	4	1	3	6	7	9
8	2	5	1	3	4	7	9	6
4	7	9	6	8	2	5	1	3
3	6	1	9	5	7	2	4	8
6	1	3	5	7	9	4	8	2
2	5	8	3	4	1	9	6	7
7	9	4	8	2	6	1	3	5

NO. 902

8	2	5	9	4	7	6	1	3
4	7	9	1	3	6	2	5	8
3	6	1	5	8	2	7	9	4
7	9	6	3	5	1	4	8	2
5	1	3	8	2	4	9	6	7
2	4	8	6	7	9	1	3	5
1	3	4	2	6	8	5	7	9
6	8	2	7	9	5	3	4	1
9	5	7	4	1	3	8	2	6

NO. 903

9	4	1	2	6	7	3	5	8
7	2	5	8	3	4	1	9	6
6	8	3	5	1	9	4	7	2
8	3	6	1	9	5	7	2	4
4	1	9	6	7	2	5	8	3
2	5	7	3	4	8	9	6	1
5	7	2	4	8	3	6	1	9
3	6	8	9	5	1	2	4	7
1	9	4	7	2	6	8	3	5

NO. 904

4	9	8	7	2	3	5	1	6
2	3	7	1	6	5	9	8	4
6	5	1	8	4	9	3	7	2
3	7	5	6	8	1	2	4	9
8	1	6	4	9	2	7	5	3
9	2	4	3	7	1	6	8	
1	6	2	9	5	4	8	3	7
5	4	9	3	7	8	6	2	1
7	8	3	2	1	6	4	9	5

NO.629 ~ NO.1190 参考答案

NO. 905

2	4	6	5	1	7	8	3	9
7	8	1	9	2	3	6	5	4
3	9	5	4	6	8	1	7	2
9	5	3	6	8	4	7	2	1
4	6	2	1	7	5	3	9	8
8	1	7	2	3	9	5	4	6
1	7	8	3	9	2	4	6	5
5	3	9	8	4	6	2	1	7
6	2	4	7	5	1	9	8	3

NO. 906

4	7	8	9	2	3	5	1	6
2	3	9	1	6	5	7	8	4
6	5	1	8	4	7	3	9	2
3	6	5	7	8	1	2	4	9
8	1	7	4	9	2	6	5	3
9	2	4	5	3	6	1	7	8
1	9	2	6	5	4	8	3	7
5	4	6	3	7	8	9	2	1
7	8	3	2	1	9	4	6	5

NO. 907

7	2	1	9	5	3	6	8	4
4	9	8	1	6	2	3	7	5
5	3	6	8	4	7	2	1	9
3	6	5	4	7	8	1	9	2
2	1	7	5	3	9	8	4	6
9	8	4	6	2	1	7	5	3
8	4	9	2	1	6	5	3	7
6	5	3	7	8	4	9	2	1
1	7	2	3	9	5	4	6	8

NO. 908

3	6	2	9	5	4	8	1	7
5	4	9	1	7	8	6	2	3
7	8	1	2	3	6	4	9	5
1	9	8	7	2	3	5	4	6
2	3	7	4	6	5	9	8	1
6	5	4	8	1	9	3	7	2
4	7	5	6	8	1	2	3	9
8	1	6	3	9	2	7	5	4
9	2	3	5	4	7	1	6	8

NO. 909

5	4	6	1	9	8	7	2	3
9	8	1	2	3	7	4	6	5
3	7	2	6	5	4	8	1	9
2	3	9	4	7	5	6	8	1
7	5	4	8	1	6	3	9	2
1	6	8	9	2	3	5	4	7
8	1	7	3	6	2	9	5	4
6	2	3	5	4	9	1	7	8
4	9	5	7	8	1	2	3	6

NO. 910

3	6	2	4	7	5	1	9	8
8	4	9	2	1	6	5	3	7
7	5	1	9	8	3	6	2	4
5	1	7	8	3	9	2	4	6
6	2	3	7	5	4	9	8	1
4	9	8	1	6	2	3	7	5
9	8	4	6	2	1	7	5	3
1	7	5	3	9	8	4	6	2
2	3	6	5	4	7	8	1	9

NO. 911

8	3	9	4	6	5	7	2	1
6	5	4	2	1	7	3	9	8
1	7	2	9	8	3	5	4	6
5	1	7	3	9	2	6	8	4
9	2	3	8	4	6	1	7	5
4	6	8	7	5	1	2	3	9
2	4	6	1	7	8	9	5	3
7	8	1	5	3	9	4	6	2
3	9	5	6	2	4	8	1	7

NO. 912

2	4	9	5	1	6	8	3	7
7	5	3	9	8	4	6	2	1
1	6	8	3	7	2	4	9	5
6	8	1	7	2	3	9	5	4
4	9	2	1	6	5	3	7	8
5	3	7	8	4	9	2	1	6
3	7	5	4	9	8	1	6	2
8	1	6	2	3	7	5	4	9
9	2	4	6	5	1	7	8	3

NO. 913

2	8	5	6	9	7	1	4	3
3	6	9	5	1	4	7	2	8
4	7	1	8	3	2	9	5	6
7	1	4	3	2	8	5	6	9
8	5	2	9	7	6	4	3	1
6	9	3	1	4	5	2	8	7
9	3	6	4	5	1	8	7	2
1	4	7	2	8	3	6	9	5
5	2	8	7	6	9	3	1	4

NO. 914

2	4	7	9	3	1	5	6	8
3	1	9	6	8	5	4	7	2
8	5	6	2	7	4	1	9	3
1	9	5	8	7	6	3	2	4
7	6	8	2	4	3	9	5	1
4	3	2	5	1	9	6	8	7
6	8	4	7	5	2	1	3	9
5	2	4	1	9	7	8	3	6
9	7	1	3	6	8	2	4	5

NO. 915

7	1	4	2	8	5	9	3	6
8	5	2	3	6	9	1	4	7
6	9	3	4	7	1	5	2	8
5	6	9	1	4	3	8	7	2
4	3	1	7	2	8	6	9	5
2	8	7	9	5	6	3	1	4
3	2	8	6	9	7	4	5	1
9	7	6	5	1	4	2	8	3
1	4	5	8	3	2	7	6	9

NO. 916

8	7	2	5	6	9	1	4	3
6	9	5	4	3	1	7	2	8
3	1	4	2	8	7	9	5	6
4	5	1	3	2	8	6	9	7
2	8	3	9	7	6	5	1	4
7	6	9	1	4	5	8	3	2
9	3	6	7	1	4	2	8	5
1	4	7	8	5	2	3	6	9
5	2	8	6	9	3	4	7	1

143

NO. 917

2	5	6	7	9	3	4	1	8
3	7	1	8	4	5	6	2	9
9	8	4	1	6	2	5	3	7
8	4	9	6	2	1	3	7	5
5	6	2	9	3	7	1	8	4
7	1	3	4	5	8	2	9	6
1	3	7	5	8	4	9	6	2
4	9	8	2	1	6	7	5	3
6	2	5	3	7	9	8	4	1

NO. 918

9	6	4	8	7	1	2	5	3
7	1	8	5	3	2	6	4	9
3	2	5	4	9	6	1	8	7
5	8	7	3	2	9	4	1	6
2	9	3	1	6	4	8	7	5
6	4	1	7	5	8	9	3	2
1	3	2	6	4	5	7	9	8
4	5	6	9	8	7	3	2	1
8	7	9	2	1	3	5	6	4

NO. 919

4	1	6	2	5	3	7	9	8
8	7	5	6	4	9	3	2	1
9	3	2	1	8	7	5	6	4
3	2	9	8	7	1	6	4	5
1	6	4	5	3	2	9	8	7
7	5	8	4	9	6	2	1	3
5	8	7	9	6	4	1	3	2
2	9	3	7	1	8	4	5	6
6	4	1	3	2	5	8	7	9

NO. 920

5	2	6	4	8	9	3	1	7
8	9	4	1	7	3	2	6	5
7	3	1	6	5	2	9	4	8
9	7	3	2	6	1	8	5	4
6	1	2	5	4	8	7	3	9
4	8	5	3	9	7	1	2	6
1	4	8	7	3	5	6	9	2
3	5	7	9	2	6	4	8	1
2	6	9	8	1	4	5	7	3

NO. 921

1	6	3	4	9	7	2	8	5
9	7	4	8	5	2	6	3	1
5	2	8	3	1	6	7	4	9
7	5	9	6	2	8	3	1	4
2	8	6	1	4	3	5	9	7
4	3	1	9	7	5	8	6	2
8	4	2	5	3	1	9	7	6
3	1	5	7	6	9	4	2	8
6	9	7	2	8	4	1	5	3

NO. 922

6	2	8	3	1	4	7	5	9
1	4	3	5	9	7	2	8	6
9	7	5	8	6	2	4	3	1
5	3	1	9	7	6	8	4	2
7	6	9	4	2	8	3	1	5
2	8	4	1	5	3	6	9	7
4	9	7	2	8	5	1	6	3
8	5	2	6	3	1	9	7	4
3	1	6	7	4	9	5	2	8

NO. 923

3	8	6	7	5	2	4	9	1
5	2	7	9	1	4	8	6	3
1	4	9	6	3	8	2	7	5
9	1	5	8	4	3	6	2	7
4	3	8	2	7	6	1	5	9
7	6	2	5	9	1	3	8	4
2	7	4	1	6	9	5	3	8
6	9	1	3	8	5	7	4	2
8	5	3	4	2	7	9	1	6

NO. 924

4	9	7	5	3	1	6	2	8
8	5	2	7	6	9	1	4	3
3	1	6	2	8	4	9	7	5
1	6	3	8	4	2	7	5	9
9	7	4	3	1	5	2	8	6
5	2	8	6	9	7	4	3	1
2	8	5	9	7	6	3	1	4
6	3	1	4	2	8	5	9	7
7	4	9	1	5	3	8	6	2

NO. 925

6	8	1	2	4	9	3	7	5
4	9	2	7	5	3	8	1	6
5	3	7	1	6	8	9	2	4
9	5	4	8	3	7	1	6	2
3	7	8	6	2	1	5	4	9
2	1	6	4	9	5	7	8	3
7	2	3	5	1	6	4	9	8
1	6	5	9	8	4	2	3	7
8	4	9	3	7	2	6	5	1

NO. 926

2	4	6	5	1	7	8	3	9
7	8	1	9	3	2	6	5	4
3	9	5	4	6	8	1	7	2
9	5	3	6	8	4	7	2	1
4	6	2	1	7	5	3	9	8
8	1	7	2	9	3	5	4	6
1	7	8	3	2	9	4	6	5
5	3	9	8	4	6	2	1	7
6	2	4	7	5	1	9	8	3

NO. 927

4	6	5	7	2	1	8	3	9
2	1	7	3	9	8	6	5	4
9	8	3	5	4	6	1	7	2
3	9	2	6	8	4	5	1	7
8	4	6	1	7	5	9	2	3
7	5	1	2	3	9	4	6	8
1	7	9	5	3	2	4	8	6
5	3	4	9	6	7	2	8	1
6	2	4	8	1	7	3	9	5

NO. 928

6	8	1	7	2	3	9	5	4
4	9	2	1	6	5	3	7	8
5	3	7	8	4	9	2	1	6
3	7	5	4	9	8	1	6	2
8	1	6	2	3	7	5	4	9
9	2	4	6	5	1	7	8	3
2	4	9	5	1	6	8	3	7
7	5	3	9	8	4	6	2	1
1	6	8	3	7	2	4	9	5

NO.929

6	2	7	9	1	5	8	4	3
1	5	9	4	3	8	2	7	6
3	8	4	7	6	2	5	9	1
5	3	8	2	7	4	1	6	9
7	4	2	6	9	1	3	8	5
9	1	6	8	5	3	4	2	7
4	9	1	3	8	6	7	5	2
8	6	3	5	2	7	9	1	4
2	7	5	1	4	9	6	3	8

NO.930

1	6	3	8	4	2	7	5	9
9	7	4	3	1	5	2	8	6
5	2	8	6	9	7	4	3	1
2	8	5	9	7	6	3	1	4
6	3	1	4	2	8	5	9	7
7	4	9	1	5	3	8	6	2
4	9	7	5	3	1	6	2	8
8	5	2	7	6	9	1	4	3
3	1	6	2	8	4	9	7	5

NO.931

2	8	5	1	6	3	4	9	7
6	3	1	9	7	4	8	5	2
7	4	9	5	2	8	3	1	6
3	1	4	7	5	9	6	2	8
5	9	7	2	8	6	1	4	3
8	6	2	4	3	1	9	7	5
9	7	6	8	4	2	5	3	1
4	2	8	3	1	5	7	6	9
1	5	3	6	9	7	2	8	4

NO.932

1	6	9	8	4	3	7	5	2
3	8	5	2	7	6	9	1	4
4	2	7	5	9	1	6	3	8
2	7	4	9	1	5	3	8	6
6	9	1	4	3	8	5	2	7
8	5	3	7	6	2	1	4	9
5	3	8	6	2	7	4	9	1
7	4	2	1	5	9	8	6	3
9	1	6	3	8	4	2	7	5

NO.933

7	2	8	3	4	1	5	9	6
6	3	9	8	5	2	1	7	4
4	1	5	9	6	7	2	8	3
1	5	4	6	7	9	8	3	2
2	8	7	4	1	3	9	6	5
3	9	6	5	2	8	7	4	1
9	6	3	2	8	5	4	1	7
5	4	1	7	9	6	3	2	8
8	7	2	1	3	4	6	5	9

NO.934

2	8	5	6	7	9	3	4	1
7	9	6	4	1	3	8	5	2
1	3	4	5	2	8	9	6	7
9	6	3	1	5	4	7	2	8
5	4	1	2	8	7	6	3	9
8	7	2	3	9	6	4	1	5
4	1	7	8	3	2	5	9	6
3	2	8	9	6	5	1	7	4
6	5	9	7	4	1	2	8	3

NO.935

3	4	6	5	9	8	7	2	1
8	7	9	1	3	2	6	5	4
2	1	5	4	6	7	9	8	3
1	5	2	6	7	4	8	3	9
4	6	3	9	8	5	2	1	7
7	9	8	3	2	1	5	4	6
9	8	7	2	1	3	4	6	5
5	2	1	7	4	6	3	9	8
6	3	4	8	5	9	1	7	2

NO.936

3	8	9	6	4	5	2	7	1
4	5	6	7	1	2	8	9	3
1	2	7	9	3	8	5	6	4
5	1	2	8	9	7	4	3	6
9	7	8	3	6	4	1	2	5
6	4	3	2	5	1	7	8	9
7	6	4	1	2	3	9	5	8
2	3	1	5	8	9	6	4	7
8	9	5	4	7	6	3	1	2

NO.937

6	9	3	1	4	7	8	2	5
7	8	2	5	6	9	3	1	4
4	5	1	2	3	8	9	7	6
5	1	4	3	8	2	7	6	9
9	3	6	4	7	1	2	5	8
8	2	7	6	9	5	1	4	3
2	7	8	9	5	6	4	3	1
1	4	5	8	2	3	6	9	7
3	6	9	7	1	4	5	8	2

NO.938

7	6	9	8	2	5	4	3	1
2	5	8	3	1	4	6	9	7
1	4	3	9	7	6	5	8	2
3	8	2	1	4	7	9	5	6
4	7	1	5	6	9	8	2	3
6	9	5	2	3	8	7	1	4
5	1	4	6	9	3	2	7	8
9	3	6	7	8	2	1	4	5
8	2	7	4	5	1	3	6	9

NO.939

1	2	3	8	9	7	6	4	5
5	8	9	3	6	4	7	1	2
4	7	6	2	5	1	9	3	8
7	6	4	5	1	2	3	8	9
2	3	1	9	7	8	4	5	6
8	9	5	6	4	3	1	2	7
9	5	8	7	2	6	5	8	3
6	4	7	1	5	2	8	9	3
3	1	2	7	8	9	5	6	4

NO.940

5	7	4	6	3	9	8	1	2
3	9	6	1	2	8	7	4	5
2	8	1	4	5	7	9	6	3
9	2	8	7	4	1	3	5	6
4	1	7	5	6	3	2	8	9
6	3	5	8	9	2	1	7	4
1	6	3	2	8	5	4	9	7
8	5	2	9	7	4	6	3	1
7	4	9	3	1	6	5	2	8

NO. 941

2	3	1	7	8	9	6	4	5
9	6	4	5	2	3	1	7	8
8	5	7	4	1	6	3	9	2
5	7	8	1	6	4	9	2	3
3	1	2	8	9	7	4	5	6
6	4	9	2	3	5	7	8	1
4	9	6	3	5	2	8	1	7
7	8	5	6	4	1	2	3	9
1	2	3	9	7	8	5	6	4

NO. 942

5	8	1	9	2	4	3	6	7
2	4	9	6	7	3	8	1	5
7	3	6	1	5	8	4	9	2
6	9	2	7	3	5	1	4	8
3	5	7	4	8	1	9	2	6
8	1	4	2	6	9	5	7	3
4	7	3	8	1	6	2	5	9
1	6	8	5	9	2	7	3	4
9	2	5	3	4	7	6	8	1

NO. 943

5	8	3	4	7	2	6	9	1
2	6	7	1	5	9	3	4	8
9	1	4	8	3	6	7	2	5
1	4	9	6	8	3	2	5	7
8	3	5	7	2	4	9	1	6
6	7	2	5	9	1	4	8	3
7	2	6	9	1	5	8	3	4
4	9	1	6	8	3	5	7	2
3	5	8	2	4	7	1	6	9

NO. 944

5	6	1	8	9	4	2	3	7
4	2	9	7	5	3	1	8	6
3	7	8	6	1	2	9	4	5
7	8	3	1	2	6	4	5	9
6	1	5	9	4	8	3	7	2
2	9	4	5	3	7	8	6	1
9	4	2	3	7	5	6	1	8
8	3	7	2	6	1	5	9	4
1	5	6	4	8	9	7	2	3

NO. 945

9	2	3	6	4	5	8	1	7
4	5	6	1	7	8	2	3	9
7	8	1	3	9	2	5	6	4
1	6	4	7	8	9	3	5	2
8	9	7	5	2	3	6	4	1
2	3	5	4	1	6	9	7	8
5	7	8	2	3	1	4	9	6
3	1	2	9	6	4	7	8	5
6	4	9	8	5	7	1	2	3

NO. 946

9	2	8	5	7	4	1	6	3
4	1	7	3	9	6	8	5	2
6	3	5	2	8	1	7	4	9
3	5	6	8	1	2	4	9	7
2	8	9	7	4	5	6	3	1
1	7	4	9	6	3	5	2	8
7	4	1	6	3	9	2	8	5
5	6	3	1	2	8	9	7	4
8	9	2	4	5	7	3	1	6

NO. 947

9	8	4	2	1	6	7	3	5
1	6	2	3	5	7	8	4	9
5	7	3	4	9	8	6	2	1
3	2	7	5	4	9	1	6	8
4	9	5	6	8	1	2	7	3
8	1	6	7	3	2	9	5	4
6	5	1	8	7	3	4	9	2
7	3	8	9	2	4	5	1	6
2	4	9	1	6	5	3	8	7

NO. 948

1	9	5	7	6	2	4	3	8
2	4	3	8	1	9	5	7	6
6	8	7	3	5	4	9	2	1
8	7	6	5	4	3	2	1	9
9	5	1	6	2	7	3	8	4
4	3	2	1	9	8	6	5	7
3	2	4	9	8	1	6	5	7
7	6	8	4	3	5	1	9	2
5	1	9	2	7	6	8	4	3

NO. 949

9	4	2	7	8	3	5	6	1
8	3	7	6	1	5	4	2	9
1	5	6	2	9	4	3	7	8
6	1	8	4	5	9	2	3	7
5	9	4	3	7	2	1	8	6
7	2	3	8	6	1	9	4	5
3	7	5	1	2	6	8	9	4
2	6	1	9	4	8	7	5	3
4	8	9	5	3	7	6	1	2

NO. 950

1	2	6	8	9	4	3	7	5
9	4	8	7	5	3	2	6	1
5	3	7	6	1	2	4	8	9
7	8	3	5	6	1	9	4	2
6	1	5	4	2	9	8	3	7
2	9	4	3	7	8	1	5	6
4	5	9	2	3	7	6	1	8
3	7	1	2	8	6	5	9	4
8	6	1	9	4	5	7	2	3

NO. 951

3	2	4	8	7	6	1	9	5
7	6	8	9	5	1	2	4	3
5	1	9	4	3	2	6	8	7
6	5	7	2	1	9	4	3	8
1	9	2	3	8	4	5	7	6
8	4	3	7	6	5	9	2	1
9	8	1	5	4	3	7	6	2
4	3	5	6	2	7	8	1	9
2	7	6	1	9	8	3	5	4

NO. 952

7	3	5	4	9	2	1	6	8
8	4	9	5	1	6	2	7	3
6	2	1	3	8	7	9	5	4
2	1	6	8	7	3	5	4	9
3	5	7	9	2	4	6	8	1
4	9	8	1	6	5	7	3	2
9	8	4	6	5	1	3	2	7
1	6	2	7	3	4	8	9	5
5	7	3	2	4	9	8	1	6

NO.629 ~ NO.1190 参考答案

NO.953

5	2	7	3	8	4	9	6	1
8	4	3	6	1	9	2	7	5
1	9	6	7	5	2	4	3	8
4	1	9	2	7	6	8	5	3
7	6	2	5	3	8	1	9	4
3	8	5	9	4	1	6	2	7
6	3	8	1	9	5	7	4	2
9	5	1	4	2	7	3	8	6
2	7	4	8	6	3	5	1	9

NO.954

6	3	7	4	1	8	5	2	9
9	4	2	7	5	3	8	6	1
1	8	5	2	9	6	3	7	4
8	5	1	9	6	2	7	4	3
3	7	6	1	8	4	2	9	5
4	2	9	5	3	7	6	1	8
2	9	4	3	7	5	1	8	6
5	1	8	6	2	9	4	3	7
7	6	3	8	4	1	9	5	2

NO.955

9	1	5	3	6	8	4	7	2
6	8	3	7	2	4	1	5	9
2	4	7	5	9	1	8	3	6
7	2	6	1	4	9	5	8	3
4	9	1	8	3	5	2	6	7
3	5	8	6	7	2	9	1	4
8	3	4	2	5	7	6	9	1
5	7	2	9	1	6	3	4	8
1	6	9	4	8	3	7	2	5

NO.956

1	4	8	3	6	7	2	5	9
9	2	6	8	1	5	7	3	4
5	7	3	4	9	2	6	8	1
7	3	5	9	2	4	8	1	6
4	8	1	6	7	3	5	9	2
2	6	9	1	5	8	3	4	7
6	9	2	5	8	1	4	7	3
3	5	7	2	4	9	1	6	8
8	1	4	7	3	6	9	2	5

NO.957

7	3	5	1	4	8	6	9	2
4	8	1	9	2	6	3	5	7
2	6	9	5	7	3	8	1	4
8	1	6	2	5	9	4	7	3
5	9	2	7	3	4	1	6	8
3	4	7	6	8	1	9	2	5
9	2	4	3	6	7	5	8	1
6	7	3	8	1	5	2	4	9
1	5	8	4	9	2	7	3	6

NO.958

3	6	8	2	5	7	1	4	9
7	2	4	9	1	6	8	3	5
5	9	1	4	8	3	6	7	2
9	1	5	8	3	4	7	2	6
6	8	3	5	7	2	4	9	1
2	4	7	1	6	9	3	5	8
4	7	2	6	9	1	5	8	3
1	5	9	3	4	8	2	6	7
8	3	6	7	2	5	9	1	4

NO.959

9	8	7	1	5	2	3	4	6
5	2	1	4	6	3	8	7	9
6	3	4	7	9	8	2	1	5
4	6	5	8	3	9	7	2	1
3	9	8	2	1	7	6	5	4
1	7	2	5	4	6	9	8	3
2	1	3	6	7	4	5	9	8
7	4	6	9	8	5	1	3	2
8	5	9	3	2	1	4	6	7

NO.960

1	5	4	6	7	9	8	3	2
2	8	7	4	1	3	9	6	5
3	9	6	5	2	8	7	4	1
9	6	3	2	8	5	4	1	7
5	4	1	7	9	6	2	8	3
8	7	2	1	3	4	6	5	9
7	2	8	3	4	1	5	9	6
6	3	9	8	5	2	1	7	4
4	1	5	9	6	7	3	2	8

NO.961

9	6	3	1	5	4	7	2	8
5	4	1	2	8	7	6	3	9
8	7	2	3	9	6	4	1	5
4	1	7	8	3	2	5	9	6
3	2	8	9	6	5	1	7	4
6	5	9	7	4	1	2	8	3
2	8	5	6	7	9	3	4	1
7	9	6	4	1	3	8	5	2
1	3	4	5	2	8	9	6	7

NO.962

1	5	2	6	7	4	8	3	9
4	6	3	9	8	5	2	1	7
7	9	8	3	2	1	5	4	6
9	8	7	2	1	3	4	6	5
5	2	1	7	4	6	3	9	8
6	3	4	8	5	9	1	7	2
3	4	6	5	9	8	7	2	1
8	7	9	1	3	2	6	5	4
2	1	5	4	6	7	9	8	3

NO.963

5	1	2	8	9	7	4	3	6
9	7	8	3	6	4	1	2	5
6	4	3	2	5	1	7	8	9
7	6	4	1	2	3	9	5	8
2	3	1	5	8	9	6	4	7
8	9	5	4	7	6	3	1	2
3	8	9	6	4	5	2	7	1
4	5	6	7	1	2	8	9	3
1	2	7	9	3	8	5	6	4

NO.964

5	1	4	3	8	2	7	6	9
9	3	6	4	7	1	2	5	8
8	2	7	6	9	5	1	4	3
2	7	8	9	5	6	4	3	1
1	4	5	8	2	3	6	9	7
3	6	9	7	1	4	5	8	2
6	9	1	4	7	8	3	2	5
7	8	2	5	6	9	3	1	4
4	5	1	2	3	8	9	7	6

147

NO. 965

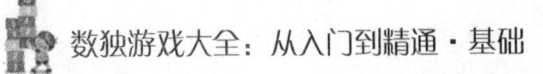

3	8	2	1	4	7	9	5	6
4	7	1	5	6	9	8	2	3
6	9	5	2	3	8	7	1	4
5	1	4	6	9	3	2	7	8
9	3	6	7	8	2	1	4	5
8	2	7	4	5	1	3	6	9
7	6	9	8	2	5	4	3	1
2	5	8	3	1	4	6	9	7
1	4	3	9	7	6	5	8	2

NO. 966

7	6	4	5	1	2	3	8	9
2	3	1	9	7	8	4	5	6
8	9	5	6	4	3	1	2	7
9	5	8	4	3	6	2	7	1
6	4	7	1	2	5	8	9	3
3	1	2	7	8	9	5	6	4
1	2	3	8	9	7	6	4	5
5	8	9	3	6	4	7	1	2
4	7	6	2	5	1	9	3	8

NO. 967

9	2	8	7	4	1	3	5	6
4	1	7	5	6	3	2	8	9
6	3	5	8	9	2	1	7	4
1	6	3	2	8	5	4	9	7
8	5	2	9	7	4	6	3	1
7	4	9	3	1	6	5	2	8
5	7	4	6	3	9	8	1	2
3	9	6	1	2	8	7	4	5
2	8	1	4	5	7	9	6	3

NO. 968

3	5	2	8	1	7	4	9	6
6	4	1	2	3	9	7	8	5
9	7	8	5	6	4	1	2	3
7	8	9	6	4	5	2	3	1
5	2	3	1	7	8	9	6	4
4	1	6	3	9	2	8	5	7
1	6	4	9	2	3	5	7	8
8	9	7	4	5	6	3	1	2
2	3	5	7	8	1	6	4	9

NO. 969

3	6	8	2	5	7	1	4	9
7	2	4	9	1	6	8	3	5
5	9	1	4	8	3	6	7	2
9	1	5	8	3	4	7	2	6
6	8	3	5	7	2	4	9	1
2	4	7	1	6	9	3	5	8
4	7	2	6	9	1	5	8	3
1	5	9	3	4	8	2	6	7
8	3	6	7	2	5	9	1	4

NO. 970

8	9	1	6	7	2	4	5	3
7	2	6	5	3	4	9	1	8
3	4	5	1	8	9	2	6	7
5	6	7	3	4	8	1	2	9
4	8	3	2	9	1	6	7	5
9	1	2	7	5	6	8	3	4
2	3	4	9	1	5	7	8	6
1	5	9	8	6	7	3	4	2
6	7	8	4	2	3	5	9	1

NO. 971

7	8	3	1	2	6	4	5	9
6	1	5	9	4	8	3	7	2
2	9	4	5	3	7	8	6	1
9	4	2	3	7	5	6	1	8
8	3	7	2	6	1	5	9	4
1	5	6	4	8	9	7	2	3
5	6	1	8	9	4	2	3	7
4	2	9	7	5	3	1	8	6
3	7	8	6	1	2	9	4	5

NO. 972

6	4	5	8	1	7	9	2	3
1	7	8	2	3	9	4	5	6
3	9	2	5	6	4	7	8	1
7	8	9	3	5	2	1	6	4
5	2	3	6	4	1	8	9	7
4	1	6	9	7	8	2	3	5
2	3	1	4	9	6	5	7	8
9	6	4	7	8	5	3	1	2
8	5	7	1	2	3	6	4	9

NO. 973

1	6	3	9	2	8	5	7	4
8	5	2	4	1	7	3	9	6
7	4	9	6	3	5	2	8	1
4	9	7	3	5	6	8	1	2
6	3	1	2	8	9	7	4	5
5	2	8	1	7	4	9	6	3
2	8	5	7	4	1	6	3	9
9	7	4	5	6	3	1	2	8
3	1	6	8	9	2	4	5	7

NO. 974

2	1	6	7	3	5	9	8	4
3	5	7	8	4	9	1	6	2
4	9	8	6	2	1	5	7	3
5	4	9	1	6	8	3	2	7
6	8	1	2	7	3	4	9	5
7	2	3	9	5	4	8	1	6
8	7	3	4	9	2	6	5	1
9	2	4	5	1	6	7	3	8
1	6	5	3	8	7	2	4	9

NO. 975

8	7	6	5	4	3	2	1	9
9	5	1	6	2	7	3	8	4
4	3	2	1	9	8	7	6	5
3	2	4	9	8	1	6	5	7
7	6	8	4	3	5	1	9	2
5	1	9	2	7	6	8	4	3
1	9	5	7	6	2	4	3	8
2	4	3	8	1	9	5	7	6
6	8	7	3	5	4	9	2	1

NO. 976

7	8	3	5	6	1	9	4	2
6	1	5	4	2	9	8	3	7
2	9	4	3	7	8	1	5	6
4	5	9	2	3	7	6	1	8
3	7	2	1	8	6	5	9	4
8	6	1	9	4	5	7	2	3
1	2	6	8	9	4	3	7	5
9	4	8	7	5	3	2	6	1
5	3	7	6	1	2	4	8	9

NO.629 ~ NO.1190 参考答案

NO.977

8	9	4	3	7	5	1	2	6
7	5	3	2	6	1	9	4	8
6	1	2	4	8	9	5	3	7
5	6	1	9	4	2	7	8	3
4	2	9	8	3	7	6	1	5
3	7	8	1	5	6	2	9	4
2	3	7	6	1	8	4	5	9
1	8	6	5	9	4	3	7	2
9	4	5	7	2	3	8	6	1

NO.978

6	5	7	2	1	9	4	3	8
1	9	2	3	8	4	5	7	6
8	4	3	7	6	5	9	2	1
9	8	1	5	4	3	7	6	2
4	3	5	6	2	7	8	1	9
2	7	6	1	9	8	3	5	4
3	2	4	8	7	6	1	9	5
7	6	8	9	5	1	2	4	3
5	1	9	4	3	2	6	8	7

NO.979

2	1	6	8	7	3	5	4	9
3	5	7	9	2	4	6	8	1
4	9	8	1	6	5	7	3	2
1	6	2	7	3	8	4	9	5
5	7	3	2	4	9	8	1	6
9	8	4	6	5	1	3	2	7
7	3	5	4	9	2	1	6	8
8	4	9	5	1	6	2	7	3
6	2	1	3	8	7	9	5	4

NO.980

1	8	2	3	6	9	7	5	4
6	9	3	5	4	7	8	2	1
4	7	5	2	1	8	9	3	6
9	4	7	8	2	5	6	1	3
2	5	8	1	3	6	2	4	7	9
3	6	1	7	9	4	5	8	2
5	3	6	4	7	1	2	9	8
7	1	4	9	8	2	3	6	5
8	2	9	6	5	3	1	4	7

NO.981

6	1	4	7	5	8	2	9	3
3	2	5	4	6	9	8	7	1
9	8	7	1	3	2	5	4	6
8	7	9	3	2	1	4	6	5
1	4	6	5	8	7	9	3	2
2	5	3	6	9	4	7	1	8
5	3	2	9	4	6	1	8	7
7	9	8	2	1	3	6	5	4
4	6	1	8	7	5	3	2	9

NO.982

5	3	2	8	7	9	6	1	4
7	9	8	1	4	6	3	2	5
4	6	1	2	5	3	9	8	7
1	8	7	4	6	5	2	9	3
6	5	4	9	3	2	8	7	1
3	2	9	7	1	8	5	4	6
9	4	6	3	2	1	7	5	8
2	1	3	5	8	7	4	6	9
8	7	5	6	9	4	1	3	2

NO.983

7	5	4	2	9	8	6	1	3
8	2	1	3	6	5	4	7	9
9	3	6	1	4	7	5	8	2
3	6	9	4	7	1	8	2	5
5	4	7	9	8	2	1	3	6
2	1	8	6	5	3	7	9	4
1	8	2	5	3	6	9	4	7
6	9	3	7	1	4	2	5	8
4	7	5	8	2	9	3	6	1

NO.984

7	2	6	1	4	9	5	8	3
4	9	1	8	3	5	2	6	7
3	5	8	6	7	2	9	1	4
8	3	4	2	5	7	6	9	1
5	7	2	9	1	6	3	4	8
1	6	9	4	8	3	7	2	5
9	1	5	3	6	8	4	7	2
6	8	3	7	2	4	1	5	9
2	4	7	5	9	1	8	3	6

NO.985

7	3	5	9	2	4	8	1	6
4	8	1	6	7	3	5	9	2
2	6	9	1	5	8	3	4	7
6	9	2	5	8	1	4	7	3
3	5	7	2	4	9	1	6	8
8	1	4	3	6	7	9	2	5
1	4	8	3	6	7	2	5	9
9	2	6	8	1	5	7	3	4
5	7	3	4	9	2	6	8	1

NO.986

7	4	2	6	3	8	1	9	5
3	8	6	9	5	1	4	2	7
5	1	9	2	7	4	8	6	3
9	6	1	5	2	7	3	8	4
2	7	5	8	4	3	6	1	9
4	3	8	1	9	6	7	5	2
8	5	3	4	1	9	2	7	6
1	9	4	7	6	2	5	3	8
6	2	7	3	8	5	9	4	1

NO.987

5	2	9	6	3	7	4	1	8
8	6	1	9	4	2	7	5	3
3	7	4	1	8	5	2	9	6
7	4	3	8	5	1	9	6	2
2	9	5	3	7	6	1	8	4
6	1	8	4	2	9	5	3	7
1	8	6	2	9	4	3	7	5
4	3	7	5	1	8	6	2	9
9	5	2	7	6	3	8	4	1

NO.988

9	6	2	4	1	8	3	7	5
1	8	4	7	5	3	6	2	9
5	3	7	2	9	6	8	4	1
8	5	1	6	3	7	2	9	4
3	7	6	9	4	2	5	1	8
4	2	9	1	8	5	7	6	3
7	4	3	5	2	9	1	8	6
2	9	5	8	6	1	4	3	7
6	1	8	3	7	4	9	5	2

149

NO.989

4	1	9	5	2	7	6	3	8
7	6	2	8	4	3	9	5	1
3	8	5	1	9	6	2	7	4
8	5	3	9	6	1	7	4	2
1	9	4	2	7	5	3	8	6
6	2	7	4	3	8	5	1	9
2	7	6	3	8	4	1	9	5
5	3	8	6	1	9	4	2	7
9	4	1	7	5	2	8	6	3

NO.990

4	3	6	5	1	2	8	9	7
1	2	5	9	7	8	3	6	4
7	8	9	6	4	3	2	5	1
9	5	8	7	6	4	1	2	3
6	4	7	2	3	1	5	8	9
3	1	2	8	9	5	4	7	6
2	7	1	3	8	9	6	4	5
8	9	3	4	5	6	7	1	2
5	6	4	1	2	7	9	3	8

NO.991

5	1	4	3	8	2	7	9	6
9	3	6	4	7	1	2	5	8
8	2	7	6	9	5	1	4	3
2	7	8	9	5	6	4	3	1
1	4	5	8	2	3	6	9	7
3	6	9	7	1	4	5	8	2
6	9	3	1	4	7	8	2	5
7	8	2	5	6	9	3	1	4
4	5	1	2	3	8	9	7	6

NO.992

9	5	6	3	8	2	1	4	7
8	2	3	4	7	1	5	6	9
7	1	4	6	9	5	2	3	8
2	7	8	5	1	4	6	9	3
1	4	5	9	3	6	7	8	2
3	6	9	8	2	7	4	5	1
4	3	1	7	6	9	8	2	5
6	9	7	2	5	8	3	1	4
5	8	2	1	4	3	9	7	6

NO.993

4	3	6	2	7	1	9	5	8
1	2	5	8	9	3	6	4	7
7	8	9	5	6	4	3	1	2
8	9	7	6	4	5	1	2	3
3	6	4	7	1	2	5	8	9
2	5	1	9	3	8	4	7	6
5	1	2	3	8	9	7	6	4
9	7	8	4	5	6	2	3	1
6	4	3	1	2	7	8	9	5

NO.994

4	6	5	8	3	9	7	2	1
3	9	8	2	1	7	6	5	4
1	7	2	5	4	6	9	8	3
2	1	3	6	7	4	5	9	8
7	4	6	9	8	5	1	3	2
8	5	9	3	2	1	4	6	7
9	8	7	1	5	2	3	4	6
5	2	1	4	6	3	8	7	9
6	3	4	7	9	8	2	1	5

NO.995

7	2	8	3	4	1	5	9	6
6	3	9	8	5	2	1	7	4
4	1	5	9	6	7	2	8	3
1	5	4	6	7	9	8	3	2
2	8	7	4	1	3	9	6	5
3	9	6	5	2	8	7	4	1
9	6	3	2	8	5	4	1	7
5	4	1	7	9	6	3	2	8
8	7	2	1	3	4	6	5	9

NO.996

2	5	8	6	7	9	3	4	1
7	9	6	4	1	3	8	5	2
1	3	4	5	2	8	9	6	7
9	6	3	1	5	4	7	2	8
5	4	1	2	8	7	6	3	9
8	7	2	3	9	6	4	1	5
4	1	7	8	3	2	5	9	6
3	2	8	9	6	5	1	7	4
6	5	9	7	4	1	2	8	3

NO.997

5	9	8	7	2	1	3	4	6
1	3	2	6	5	4	8	7	9
4	6	7	9	8	3	2	1	5
6	7	4	8	3	9	1	5	2
9	8	5	2	1	7	4	6	3
3	2	1	5	4	6	7	9	8
2	1	3	4	6	5	9	8	7
7	4	6	3	9	8	5	2	1
8	5	9	1	7	2	6	3	4

NO.998

1	8	7	5	3	2	9	4	6
6	5	4	7	9	8	2	1	3
3	2	9	4	6	1	8	7	5
2	9	3	6	1	4	7	5	8
8	7	1	3	2	5	4	6	9
5	4	6	9	8	7	1	3	2
4	6	5	8	7	9	3	2	1
9	3	2	1	4	6	5	8	7
7	1	8	2	5	3	6	9	4

NO.999

2	9	3	6	1	4	7	5	8
8	7	1	3	2	5	4	6	9
5	4	6	9	8	7	1	3	2
4	6	5	8	7	9	3	2	1
9	3	2	1	4	6	5	8	7
7	1	8	2	5	3	6	9	4
1	8	7	5	3	2	9	4	6
6	5	4	7	9	8	2	1	3
3	2	9	4	6	1	8	7	5

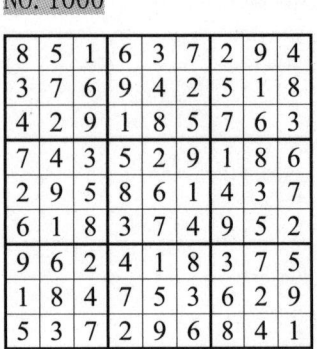

NO.1000

8	5	1	6	3	7	2	9	4
3	7	6	9	4	2	5	1	8
4	2	9	1	8	5	7	6	3
7	4	3	5	2	9	1	8	6
2	9	5	8	6	1	4	3	7
6	1	8	3	7	4	9	5	2
9	6	2	4	1	8	3	7	5
1	8	4	7	5	3	6	2	9
5	3	7	2	9	6	8	4	1

NO.629 ~ NO.1190 参考答案

NO. 1001

2	7	6	3	8	4	1	9	5
5	3	8	6	1	9	4	2	7
9	4	1	7	5	2	8	6	3
4	1	9	5	2	7	6	3	8
7	6	2	8	4	3	9	5	1
3	8	5	1	9	6	2	7	4
8	5	3	9	6	1	7	4	2
1	9	4	2	7	5	3	8	6
6	2	7	4	3	8	5	1	9

NO. 1002

4	9	2	1	6	8	7	3	5
5	1	6	2	7	3	8	4	9
3	8	7	9	5	4	6	2	1
8	7	3	5	4	9	2	1	6
9	2	4	6	8	1	3	5	7
1	6	5	7	3	2	4	9	8
6	5	1	3	2	7	9	8	4
7	3	8	4	9	5	1	6	2
2	4	9	8	1	6	5	7	3

NO. 1003

4	3	8	6	5	7	2	1	9
5	7	6	1	9	2	3	8	4
9	2	1	8	4	3	7	6	5
7	6	2	9	8	1	5	4	3
8	1	9	4	3	5	6	2	7
3	5	4	2	7	6	1	9	8
1	9	5	3	2	4	8	7	6
2	4	3	7	6	8	9	5	1
6	8	7	5	1	9	4	3	2

NO. 1004

8	7	9	6	1	4	5	3	2
1	4	6	3	2	5	7	9	8
2	5	3	9	8	7	4	6	1
4	6	5	2	9	3	1	8	7
9	3	2	8	7	1	6	5	4
7	1	8	5	4	6	3	2	9
3	2	1	7	5	8	9	4	6
5	8	7	4	6	9	2	1	3
6	9	4	1	3	2	8	7	5

NO. 1005

7	5	4	2	9	8	6	1	3
8	2	1	3	6	5	4	7	9
9	3	6	1	4	7	5	8	2
3	6	9	4	7	1	8	2	5
5	4	7	9	8	2	1	3	6
2	1	8	6	5	3	7	9	4
1	8	2	5	3	6	9	4	7
6	9	3	7	1	4	2	5	8
4	7	5	8	2	9	3	6	1

NO. 1006

2	3	7	6	1	8	4	5	9
1	8	6	5	9	4	3	7	2
9	4	5	7	2	3	8	6	1
8	9	4	3	7	5	1	2	6
7	5	3	2	6	1	9	4	8
6	1	2	4	8	9	5	3	7
5	6	1	9	4	2	7	8	3
4	2	9	8	3	7	6	1	5
3	7	8	1	5	6	2	9	4

NO. 1007

1	2	9	4	5	3	7	8	6
6	7	5	9	1	8	3	4	2
8	3	4	2	6	7	5	9	1
3	4	8	6	7	2	9	1	5
2	9	1	5	3	4	8	6	7
7	5	6	1	8	9	4	2	3
5	6	7	8	9	1	2	3	4
4	8	3	7	2	6	1	5	9
9	1	2	3	4	5	6	7	8

NO. 1008

4	9	2	6	5	1	8	7	3
5	1	6	7	3	8	9	2	4
3	8	7	2	4	9	1	6	5
7	3	5	9	8	4	2	1	6
8	4	9	1	6	2	3	5	7
6	2	1	5	7	3	4	9	8
1	6	8	3	2	7	5	4	9
2	7	3	4	9	5	6	8	1
9	5	4	8	1	6	7	3	2

NO. 1009

1	9	5	7	6	2	4	3	8
2	4	3	8	1	9	5	7	6
6	8	7	3	5	4	9	2	1
8	7	6	5	4	3	2	1	9
9	5	1	6	2	7	3	8	4
4	3	2	1	9	8	7	6	5
3	2	4	9	8	1	6	5	7
7	6	8	4	3	5	1	9	2
5	1	9	2	7	6	8	4	3

NO. 1010

6	2	4	5	3	8	9	1	7
5	3	4	9	1	8	7	2	6
1	8	9	2	6	7	3	4	5
3	4	8	1	2	9	5	6	7
2	9	1	6	7	5	4	8	3
7	5	6	8	3	4	9	1	2
9	1	5	7	8	6	2	3	4
8	6	7	3	4	2	1	5	9
4	2	3	5	9	1	6	7	8

NO. 1011

2	3	7	5	6	1	8	9	4
1	8	6	4	2	9	7	5	3
9	4	5	3	7	8	6	1	2
4	5	9	7	8	3	1	2	6
3	7	2	6	1	5	9	4	8
8	6	1	2	9	4	5	3	7
6	1	8	9	4	2	3	7	5
5	9	4	8	3	7	2	6	1
7	2	3	1	5	6	4	8	9

NO. 1012

8	1	2	5	7	4	6	3	9
7	4	5	3	9	6	1	2	8
9	6	3	2	8	1	4	5	7
3	5	6	9	2	8	7	4	1
2	8	9	4	1	7	5	6	3
1	7	4	6	3	5	8	9	2
4	9	7	1	6	2	3	8	5
6	3	1	8	5	2	9	7	4
5	2	8	7	4	9	3	1	6

151

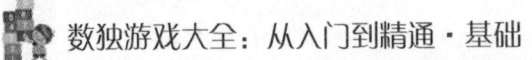

NO. 1013

9	2	3	5	7	8	1	6	4
4	5	6	3	1	2	8	9	7
7	8	1	6	4	9	2	3	5
8	1	7	4	9	6	3	5	2
2	3	9	7	8	5	6	4	1
5	6	4	1	2	3	9	7	8
6	4	5	2	3	1	7	8	9
1	7	8	9	6	4	5	2	3
3	9	2	8	5	7	4	1	6

NO. 1014

3	5	2	1	6	4	7	8	9
6	4	1	8	9	7	5	2	3
9	7	8	2	3	5	4	1	6
4	9	6	5	7	8	2	3	1
7	8	5	3	1	2	9	6	4
1	2	3	6	4	9	8	5	7
8	1	7	9	2	3	6	4	5
2	3	9	4	5	6	1	7	8
5	6	4	7	8	1	3	9	2

NO. 1015

4	9	7	3	5	6	8	1	2
6	3	1	2	8	9	7	4	5
5	2	8	1	7	4	9	6	3
2	8	5	7	4	1	6	3	9
9	7	4	5	6	3	1	2	8
3	1	6	8	9	2	4	5	7
1	6	3	9	2	8	5	7	4
8	5	2	4	1	7	3	9	6
7	4	9	6	3	5	2	8	1

NO. 1016

6	3	8	1	9	5	7	4	2
9	5	1	4	2	7	3	8	6
2	7	4	8	6	3	5	1	9
5	2	7	3	8	4	9	6	1
8	4	3	6	1	9	2	7	5
1	9	6	7	5	2	4	3	8
4	1	9	2	7	6	8	5	3
7	6	2	5	3	8	1	9	4
3	8	5	9	4	1	6	2	7

NO. 1017

8	5	1	9	6	2	7	4	3
3	7	6	1	8	4	2	9	5
4	2	9	5	3	7	6	1	8
2	9	4	3	7	5	1	8	6
5	1	8	6	2	9	4	3	7
7	6	3	8	4	1	9	5	2
6	3	7	4	1	8	5	2	9
9	4	2	7	5	3	8	6	1
1	8	5	2	9	6	3	7	4

NO. 1018

8	3	4	2	5	7	6	9	1
5	7	2	9	1	6	3	4	8
1	6	9	4	8	3	7	2	5
9	1	5	3	6	8	4	7	2
6	8	3	7	2	4	1	5	9
2	4	7	5	9	1	8	3	6
7	2	6	1	4	9	5	8	3
4	9	1	8	3	5	2	6	7
3	5	8	6	7	2	9	1	4

NO. 1019

6	9	2	5	8	1	4	7	3
3	5	7	2	4	9	1	6	8
8	1	4	7	3	6	9	2	5
1	4	8	3	6	7	2	5	9
9	2	6	8	1	5	7	3	4
5	7	3	4	9	2	6	8	1
7	3	5	9	2	4	8	1	6
4	8	1	6	7	3	5	9	2
2	6	9	1	5	8	3	4	7

NO. 1020

9	2	4	3	6	7	5	8	1
6	7	3	8	1	5	2	4	9
1	5	8	4	9	2	7	3	6
7	3	5	1	4	8	6	9	2
4	8	1	6	2	9	3	5	7
2	9	6	5	7	3	8	1	4
8	1	6	2	5	9	4	7	3
5	9	2	7	3	4	1	6	8
3	4	7	9	8	1	9	2	5

NO. 1021

2	7	1	9	5	8	4	3	6
8	9	3	6	4	7	1	2	5
5	6	4	3	1	2	7	8	9
6	4	5	1	2	3	8	9	7
7	1	2	5	8	9	3	6	4
9	3	8	4	7	6	2	5	1
3	8	9	7	6	4	5	1	2
4	5	6	2	3	1	9	7	8
1	2	7	8	9	5	6	4	3

NO. 1022

6	7	4	5	9	8	2	1	3
9	8	5	1	3	2	7	4	6
3	2	1	4	6	7	8	5	9
1	5	2	3	4	6	9	8	7
4	6	3	8	7	9	5	2	1
7	9	8	2	1	5	6	3	4
8	3	9	7	2	1	4	6	5
2	1	7	6	5	4	3	9	8
5	4	6	9	8	3	1	7	2

NO. 1023

3	4	1	5	9	6	7	2	8
8	5	2	1	7	4	6	3	9
9	6	7	2	8	3	4	1	5
6	7	9	8	3	2	1	5	4
4	1	3	9	6	5	2	8	7
5	2	8	7	4	1	3	9	6
2	8	5	4	1	7	9	6	3
7	9	6	3	2	8	5	4	1
1	3	4	6	5	9	8	7	2

NO. 1024

1	5	4	7	2	8	9	6	3
2	8	7	6	3	9	5	4	1
3	9	6	4	1	5	8	7	2
8	3	2	5	9	6	4	1	7
9	6	5	1	7	4	3	2	8
7	4	1	2	8	3	6	5	9
6	7	9	3	4	1	2	8	5
4	1	3	8	5	2	7	9	6
5	2	8	9	6	7	1	3	4

NO. 1025

7	2	1	3	4	6	5	9	8
6	5	4	8	7	9	1	3	2
9	8	3	2	1	5	4	6	7
8	3	9	1	5	2	6	7	4
2	1	7	4	6	3	9	8	5
5	4	6	7	9	8	3	2	1
4	6	5	9	8	7	2	1	3
3	9	8	5	2	1	7	4	6
1	7	2	6	3	4	8	5	9

NO. 1026

5	3	6	4	7	1	2	9	8
7	1	4	9	8	2	3	6	5
8	2	9	6	5	3	1	4	7
1	8	2	3	6	9	7	5	4
6	9	3	5	4	7	8	2	1
4	7	5	2	1	8	9	3	6
9	4	7	8	2	5	6	1	3
2	5	8	1	3	6	4	7	9
3	6	1	7	9	4	5	8	2

NO. 1027

8	7	9	3	2	1	4	6	5
1	4	6	5	8	7	9	3	2
2	5	3	6	9	4	7	1	8
5	3	2	9	4	6	1	8	7
7	9	8	2	1	3	6	5	4
4	6	1	8	7	5	3	2	9
6	1	4	7	5	8	2	9	3
3	2	5	4	6	9	8	7	1
9	8	7	1	3	2	5	4	6

NO. 1028

5	2	9	1	8	6	7	4	3
8	6	1	4	3	7	2	9	5
3	7	4	9	5	2	6	1	8
4	1	8	3	7	5	9	6	2
7	5	3	6	2	9	1	8	4
2	9	6	8	4	1	5	3	7
6	3	7	2	9	4	8	5	1
9	4	2	5	1	8	3	7	6
1	8	5	7	6	3	4	2	9

NO. 1029

5	2	7	6	3	8	4	1	9
8	4	3	9	5	1	7	6	2
1	9	6	2	7	4	3	8	5
9	6	1	7	4	2	8	5	3
2	7	5	3	8	6	1	9	4
4	3	8	5	1	9	6	2	7
3	8	4	1	9	5	2	7	6
6	1	9	4	2	7	5	3	8
7	5	2	8	6	3	9	4	1

NO. 1030

5	4	9	2	1	6	8	7	3
6	8	1	3	5	7	9	2	4
7	3	2	4	9	8	1	6	5
3	2	7	9	8	4	6	5	1
4	9	5	1	6	2	7	3	8
8	1	6	5	7	3	2	4	9
1	6	8	7	3	5	4	9	2
2	7	3	8	4	9	5	1	6
9	5	4	6	2	1	3	8	7

NO. 1031

4	7	2	5	1	9	3	6	8
8	3	6	2	4	7	1	9	5
9	5	1	6	8	3	7	2	4
1	9	5	8	3	6	2	4	7
7	2	4	9	5	1	6	8	3
3	6	8	4	7	2	5	1	9
6	8	3	7	2	4	9	5	1
5	1	9	3	6	8	4	7	2
2	4	7	1	9	5	8	3	6

NO. 1032

8	5	4	9	7	3	2	6	1
7	3	9	6	1	2	5	4	8
1	2	6	4	8	5	3	9	7
6	9	2	1	4	8	7	3	5
4	8	1	3	5	7	9	2	6
5	7	3	2	6	9	8	1	4
3	1	7	5	2	6	4	8	9
2	6	5	8	9	4	1	7	3
9	4	8	7	3	1	6	5	2

NO. 1033

6	5	7	9	2	8	4	3	1
3	9	4	1	7	6	2	8	5
8	1	2	5	4	3	7	6	9
2	8	9	3	1	4	5	7	6
7	6	1	8	5	2	9	4	3
4	3	5	6	9	7	1	2	8
1	4	3	7	6	5	8	9	2
5	2	8	4	3	9	6	1	7
9	7	6	2	8	1	3	5	4

NO. 1034

4	1	6	8	7	5	9	3	2
5	8	7	2	9	3	6	4	1
3	2	9	1	6	4	7	5	8
7	9	8	3	2	1	5	6	4
1	3	2	4	5	6	8	7	9
6	4	5	9	8	7	2	1	3
2	5	3	6	4	9	1	8	7
9	6	4	7	1	8	3	2	5
8	7	1	5	3	2	4	9	6

NO. 1035

8	5	9	4	3	7	2	1	6
1	4	2	6	9	8	3	7	5
7	6	3	5	2	1	9	8	4
3	7	4	1	6	2	5	9	8
9	8	6	7	5	3	4	2	1
2	1	5	8	4	9	6	3	7
6	2	1	9	8	5	7	4	3
5	3	7	2	1	4	8	6	9
4	9	8	3	7	6	1	5	2

NO. 1036

6	2	1	9	3	7	4	5	8
3	7	5	1	8	4	2	9	6
8	4	9	5	6	2	7	1	3
5	8	4	2	1	6	3	7	9
9	6	2	7	5	3	8	4	1
1	3	7	4	9	8	6	2	5
7	9	3	8	4	5	1	6	2
4	1	8	6	2	9	5	3	7
2	5	6	3	7	1	9	8	4

NO. 1037

8	3	6	4	1	9	2	5	7
1	9	5	6	7	2	3	4	8
7	2	4	5	8	3	9	6	1
5	7	2	3	6	8	1	9	4
4	8	3	9	5	1	7	2	6
6	1	9	2	4	7	8	3	5
9	4	1	7	2	5	6	8	3
2	6	7	8	3	4	5	1	9
3	5	8	1	9	6	4	7	2

NO. 1038

4	7	2	8	3	6	9	5	1
5	1	9	2	4	7	6	8	3
3	6	8	1	9	5	7	2	4
1	9	5	7	2	4	3	6	8
8	3	6	9	5	1	4	7	2
2	4	7	6	8	3	5	1	9
6	8	3	5	1	9	2	4	7
7	2	4	3	6	8	1	9	5
9	5	1	4	7	2	8	3	6

NO. 1039

6	5	7	3	9	4	8	1	2
9	2	8	1	7	6	5	4	3
4	3	1	2	8	5	7	6	9
2	8	9	7	6	1	4	3	5
3	1	4	8	5	2	6	9	7
5	7	6	9	4	3	1	2	8
1	4	3	5	2	8	9	7	6
7	6	5	4	3	9	2	8	1
8	9	2	6	1	7	3	5	4

NO. 1040

8	5	9	1	4	2	7	6	3
4	3	7	6	9	8	5	2	1
2	1	6	3	7	5	9	8	4
3	7	4	9	8	6	2	1	5
1	6	2	7	5	3	8	4	9
5	9	8	4	2	1	6	3	7
6	2	1	5	3	7	4	9	8
9	8	5	2	1	4	3	7	6
7	4	3	8	6	9	1	5	2

NO. 1041

6	2	1	3	7	5	8	4	9
9	3	7	1	8	4	5	6	2
4	5	8	2	9	6	7	1	3
5	8	4	9	6	2	1	3	7
2	1	6	7	5	3	4	9	8
3	7	9	8	4	1	6	2	5
7	9	3	4	1	8	2	5	6
8	4	5	6	2	9	3	7	1
1	6	2	5	3	7	9	8	4

NO. 1042

4	5	1	3	2	8	6	9	7
2	8	3	9	7	6	5	1	4
7	6	9	1	4	5	8	3	2
9	3	6	7	1	4	2	8	5
1	4	7	8	5	2	3	6	9
5	2	8	6	9	3	4	7	1
8	7	2	5	6	9	1	4	3
6	9	5	4	3	1	7	2	8
3	1	4	2	8	7	9	5	6

NO. 1043

8	3	6	1	9	5	7	2	4
4	1	9	6	7	2	5	8	3
2	5	7	3	4	8	9	6	1
5	7	2	4	8	3	6	1	9
3	6	8	9	5	1	2	4	7
1	9	4	7	2	6	8	3	5
9	4	1	2	6	7	3	5	8
7	2	5	8	3	4	1	9	6
6	8	3	5	1	9	4	7	2

NO. 1044

4	1	6	5	8	7	3	2	9
8	7	5	2	9	3	1	6	4
9	3	2	6	4	1	7	5	8
7	9	8	1	3	2	6	4	5
3	2	1	4	5	6	9	8	7
5	6	4	8	7	9	2	1	3
2	5	3	9	6	4	8	7	1
6	4	9	7	1	8	5	3	2
1	8	7	3	2	5	4	9	6

NO. 1045

2	9	3	7	1	8	4	5	6
5	6	4	3	2	9	8	7	1
1	8	7	6	4	5	9	3	2
6	4	5	9	3	2	1	8	7
7	1	8	4	5	6	2	9	3
3	2	9	8	7	1	5	6	4
8	7	1	5	6	4	3	2	9
9	3	2	1	8	7	6	4	5
4	5	6	2	9	3	7	1	8

NO. 1046

6	8	3	1	9	5	2	4	7
5	2	4	7	6	8	3	1	9
9	7	1	4	3	2	8	5	6
7	1	9	3	2	4	5	6	8
8	3	6	9	5	1	4	7	2
2	4	5	6	8	7	1	9	3
4	5	2	8	7	6	9	3	1
1	9	7	2	4	3	6	8	5
3	6	8	5	1	9	7	2	4

NO. 1047

8	9	2	5	7	6	4	3	1
6	1	7	9	4	3	2	8	5
3	5	4	1	2	8	7	6	9
7	6	5	3	1	4	9	2	8
4	3	9	8	5	2	1	7	6
2	8	1	6	9	7	5	4	3
1	4	3	2	8	9	6	5	7
5	2	8	7	6	1	3	9	4
9	7	6	4	3	5	8	1	2

NO. 1048

2	6	8	7	9	5	4	1	3
5	7	9	3	4	1	8	2	6
1	3	4	6	8	2	9	5	7
9	4	7	1	3	6	5	8	2
6	1	3	2	5	8	7	9	4
8	2	5	4	7	9	3	6	1
3	5	1	8	2	4	6	7	9
4	8	2	9	6	7	1	3	5
7	9	6	5	1	3	2	4	8

NO. 1049

8	7	1	5	3	2	4	9	6
6	5	4	9	8	7	2	1	3
3	2	9	1	6	4	7	5	8
9	6	4	7	1	8	3	2	5
1	3	2	4	5	6	8	7	9
5	8	7	2	9	3	6	4	1
2	5	3	6	4	9	1	8	7
7	9	8	3	2	1	5	6	4
4	1	6	8	7	5	9	3	2

NO. 1050

4	9	8	3	7	5	6	2	1
2	1	6	9	8	4	5	3	7
7	5	3	1	6	2	8	4	9
5	3	7	2	1	6	9	8	4
8	4	9	7	5	3	1	6	2
6	2	1	4	9	8	3	7	5
1	6	2	8	4	9	7	5	3
3	7	5	6	2	1	4	9	8
9	8	4	5	3	7	2	1	6

NO. 1051

2	9	3	5	6	4	1	8	7
7	1	8	3	2	9	6	4	5
4	5	6	8	7	1	9	3	2
6	4	5	7	1	8	3	2	9
9	3	2	4	5	6	8	7	1
1	8	7	2	9	3	5	6	4
8	7	1	9	3	2	4	5	6
5	6	4	1	8	7	2	9	3
3	2	9	6	4	5	7	1	8

NO. 1052

8	9	2	6	1	7	3	5	4
5	7	6	9	4	3	1	2	8
4	3	1	2	8	5	7	6	9
7	6	5	4	3	9	2	8	1
3	1	4	8	5	2	6	9	7
9	2	8	1	7	6	5	4	3
1	4	3	5	2	8	9	7	6
2	8	9	7	6	1	4	3	5
6	5	7	3	9	4	8	1	2

NO. 1053

2	6	8	5	7	9	1	3	4
7	9	5	3	4	1	6	8	2
4	1	3	8	2	6	9	5	7
9	4	7	6	1	3	8	2	5
1	3	6	2	5	8	4	7	9
5	8	2	7	9	4	3	6	1
3	5	1	4	8	2	7	9	6
8	2	4	9	6	7	5	1	3
6	7	9	1	3	5	2	4	8

NO. 1054

4	5	1	2	8	3	7	6	9
3	2	8	9	7	6	1	4	5
6	9	7	5	1	4	8	3	2
9	3	6	1	4	7	5	2	8
7	1	4	8	5	2	6	9	3
2	8	5	3	6	9	4	7	1
8	7	2	6	9	5	3	1	4
5	6	9	4	3	1	2	8	7
1	4	3	7	2	8	9	5	6

NO. 1055

2	4	7	3	6	8	9	5	1
1	9	5	4	7	2	6	8	3
8	3	6	5	1	9	7	2	4
5	1	9	7	2	4	8	3	6
3	6	8	9	5	1	2	4	7
4	7	2	6	8	3	1	9	5
6	8	3	1	9	5	4	7	2
7	2	4	8	3	6	5	1	9
9	5	1	2	4	7	3	6	8

NO. 1056

7	4	3	5	9	8	2	1	6
8	6	9	4	2	1	3	7	5
1	5	2	6	3	7	9	8	4
9	8	5	1	6	2	4	3	7
2	1	4	7	5	3	6	9	8
3	7	6	8	4	9	5	2	1
6	2	1	3	7	4	8	5	9
5	3	7	9	8	6	1	4	2
4	9	8	2	1	5	7	6	3

NO. 1057

2	5	6	3	7	1	9	8	4
1	3	7	4	9	8	6	2	5
8	4	9	5	6	2	7	1	3
4	1	8	6	2	9	5	3	7
9	6	2	7	5	3	8	4	1
3	7	5	1	8	4	2	9	6
7	9	3	8	4	5	1	6	2
5	8	4	2	1	6	3	7	9
6	2	1	9	3	7	4	5	8

NO. 1058

4	9	8	2	1	6	7	5	3
3	7	5	9	8	4	1	6	2
6	2	1	5	3	7	8	4	9
5	3	7	8	4	9	6	2	1
2	1	6	7	5	3	4	9	8
9	8	4	1	6	2	3	7	5
1	6	2	3	7	5	9	8	4
8	4	9	6	2	1	5	3	7
7	5	3	4	9	8	2	1	6

NO. 1059

7	9	6	5	1	3	2	4	8
8	2	5	4	7	9	3	6	1
1	3	4	6	8	2	9	5	7
4	8	2	9	6	7	1	3	5
6	1	3	2	5	8	7	9	4
5	7	9	3	4	1	8	2	6
3	5	1	8	2	4	6	7	9
9	4	7	1	3	6	5	8	2
2	6	8	7	9	5	4	1	3

NO. 1060

2	4	7	1	9	5	8	3	6
3	6	8	4	7	2	5	1	9
9	5	1	6	8	3	7	2	4
5	1	9	3	6	8	4	7	2
7	2	4	9	5	1	6	8	3
8	3	6	2	4	7	1	9	5
6	8	3	7	2	4	9	5	1
1	9	5	8	3	6	2	4	7
4	7	2	5	1	9	3	6	8

NO. 1061

7	4	3	8	6	9	1	5	2
5	9	8	4	2	1	6	3	7
2	1	6	3	7	5	9	8	4
9	8	5	2	1	4	3	7	6
1	6	2	7	[5]	3	8	4	9
4	3	7	6	9	8	5	2	1
6	2	1	5	3	7	4	9	8
3	7	4	9	8	6	2	1	5
8	5	9	1	4	2	7	6	3

NO. 1062

6	7	4	1	3	8	2	5	9
5	8	1	7	9	2	3	4	6
9	2	3	4	6	5	8	1	7
8	1	5	9	2	7	4	6	3
2	3	9	6	[5]	4	1	7	8
7	4	6	3	8	1	5	9	2
3	9	2	5	4	6	7	8	1
4	6	7	8	1	3	9	2	5
1	5	8	2	7	9	6	3	4

NO. 1063

8	7	1	6	4	5	3	2	9
5	3	2	9	8	7	1	6	4
4	9	6	2	1	3	7	5	8
9	6	4	1	3	2	5	8	7
7	1	8	4	[5]	6	2	9	3
3	2	5	8	7	9	6	4	1
2	5	3	7	9	8	4	1	6
6	4	9	3	2	1	8	7	5
1	8	7	5	6	4	9	3	2

NO. 1064

7	9	6	8	2	5	1	3	4
5	1	3	4	7	9	6	8	2
2	4	8	3	6	1	9	5	7
4	8	2	6	1	3	5	7	9
9	6	7	2	[5]	8	3	4	1
1	3	5	7	9	4	8	2	6
3	5	1	9	4	7	2	6	8
8	2	4	1	3	6	7	9	5
6	7	9	5	8	2	4	1	3

NO. 1065

2	5	6	1	3	7	8	4	9
3	7	1	4	9	8	5	6	2
9	8	4	6	2	5	7	1	3
4	1	8	9	6	2	3	7	5
6	2	9	7	[5]	3	1	8	4
5	3	7	8	4	1	2	9	6
7	9	3	5	8	4	6	2	1
8	4	5	2	1	6	9	3	7
1	6	2	3	7	9	4	5	8

NO. 1066

6	8	3	5	2	4	9	7	1
1	9	5	7	6	8	4	3	2
2	4	7	3	1	9	8	5	6
7	1	9	8	3	6	2	4	5
3	2	4	9	[5]	1	6	8	7
5	6	8	4	7	2	1	9	3
4	5	2	1	9	7	3	6	8
8	7	6	2	4	3	5	1	9
9	3	1	6	8	5	7	2	4

NO. 1067

3	2	9	1	8	7	4	5	6
6	4	5	2	9	3	8	7	1
7	1	8	5	6	4	9	3	2
5	6	4	9	3	2	7	1	8
1	8	7	4	[5]	6	3	2	9
2	9	3	8	7	1	6	4	5
8	7	1	6	4	5	2	9	3
9	3	2	7	1	8	5	6	4
4	5	6	3	2	9	1	8	7

NO. 1068

2	5	1	6	7	3	8	9	4
9	6	8	4	1	2	7	3	5
3	4	7	5	8	9	1	2	6
7	3	6	9	4	8	5	1	2
1	2	4	3	[5]	7	6	8	9
8	9	5	2	6	1	4	7	3
4	8	9	1	2	5	3	6	7
5	7	3	8	9	6	2	4	1
6	1	2	7	3	4	9	5	8

NO. 1069

3	5	8	1	9	6	4	7	2
6	1	9	2	4	7	8	3	5
7	2	4	5	8	3	9	6	1
2	6	7	8	3	4	5	1	9
4	8	3	9	[5]	1	7	2	6
1	9	5	6	7	2	3	4	8
9	4	1	7	2	5	6	8	3
5	7	2	3	6	8	1	9	4
8	3	6	4	1	9	2	5	7

NO. 1070

6	7	4	5	8	1	9	2	3
1	3	8	7	9	2	4	6	5
2	5	9	3	4	6	8	1	7
8	1	5	2	3	9	7	4	6
9	2	7	6	[5]	4	3	8	1
4	6	3	1	7	8	5	9	2
3	9	2	4	6	7	1	5	8
5	4	6	8	1	3	2	7	9
7	8	1	9	2	5	6	3	4

NO. 1071

8	7	9	4	6	5	2	1	3
1	3	2	7	9	8	5	4	6
6	5	4	3	2	1	9	8	7
5	4	6	1	3	2	7	9	8
9	8	7	6	[5]	4	3	2	1
2	1	3	8	7	9	4	6	5
3	2	1	9	8	7	6	5	4
4	6	5	2	1	3	8	7	9
7	9	8	5	4	6	1	3	2

NO. 1072

7	9	8	5	4	6	1	3	2
2	1	3	8	7	9	4	6	5
6	5	4	3	2	1	9	8	7
4	6	5	2	1	3	8	7	9
9	8	7	6	[5]	4	3	2	1
1	3	2	7	9	8	5	4	6
3	2	1	9	8	7	6	5	4
5	4	6	1	3	2	7	9	8
8	7	9	4	6	5	2	1	3

NO. 1073

2	3	1	6	4	5	8	9	7
9	7	8	3	1	2	5	6	4
4	5	6	7	8	9	1	2	3
5	6	4	9	7	8	3	1	2
1	2	3	4	[5]	6	7	8	9
8	9	7	2	3	1	6	4	5
7	8	9	1	2	3	4	5	6
6	4	5	8	9	7	2	3	1
3	1	2	5	6	4	9	7	8

NO. 1074

3	1	2	5	6	4	9	7	8
8	9	7	2	3	1	6	4	5
4	5	6	7	8	9	1	2	3
6	4	5	8	9	7	2	3	1
1	2	3	4	[5]	6	7	8	9
9	7	8	3	1	2	5	6	4
7	8	9	1	2	3	4	5	6
5	6	4	9	7	8	3	1	2
2	3	1	6	4	5	8	9	7

NO. 1075

1	8	6	3	7	5	9	4	2
4	2	9	8	6	1	5	3	7
7	5	3	2	9	4	6	1	8
5	3	7	4	2	9	8	6	1
6	1	8	7	[5]	3	2	9	4
9	4	2	1	8	6	3	7	5
2	9	4	6	1	8	7	5	3
3	7	5	9	4	2	1	8	6
8	6	1	5	3	7	4	2	9

NO. 1076

4	8	3	5	9	1	2	6	7
7	2	6	3	4	8	9	1	5
1	5	9	6	7	2	8	3	4
9	1	5	7	2	6	3	4	8
8	3	4	1	[5]	9	6	7	2
2	6	7	4	8	3	5	9	1
6	7	2	8	3	4	1	5	9
5	9	1	2	6	7	4	8	3
3	4	8	9	1	5	7	2	6

NO. 1077

3	4	8	9	1	5	7	2	6
2	6	7	4	8	3	5	9	1
1	5	9	6	7	2	8	3	4
5	9	1	2	6	7	4	8	3
8	3	4	1	[5]	9	6	7	2
7	2	6	3	4	8	9	1	5
6	7	2	8	3	4	1	5	9
9	1	5	7	2	6	3	4	8
4	8	3	5	9	1	2	6	7

NO. 1078

1	7	4	5	2	8	3	9	6
6	3	9	4	1	7	2	8	5
8	5	2	9	6	3	7	4	1
2	8	5	6	3	9	4	1	7
7	4	1	8	[5]	2	9	6	3
3	9	6	1	7	4	5	2	8
9	6	3	7	4	1	8	5	2
5	2	8	3	9	6	1	7	4
4	1	7	2	8	5	6	3	9

NO. 1079

4	1	7	2	8	5	6	3	9
3	9	6	1	7	4	5	2	8
8	5	2	9	6	3	7	4	1
5	2	8	3	9	6	1	7	4
7	4	1	8	[5]	2	9	6	3
6	3	9	4	1	7	2	8	5
9	6	3	7	4	1	8	5	2
2	8	5	6	3	9	4	1	7
1	7	4	5	2	8	3	9	6

NO. 1080

6	9	3	8	2	5	4	7	1
7	1	4	9	3	6	5	8	2
2	5	8	1	4	7	3	6	9
5	8	2	7	1	4	9	3	6
3	6	9	2	[5]	8	1	4	7
4	7	1	6	9	3	8	2	5
1	4	7	3	6	9	2	5	8
8	2	5	4	7	1	6	9	3
9	3	6	5	8	2	7	1	4

NO. 1081

6	1	4	5	3	2	8	7	9
3	2	5	7	9	8	1	4	6
9	8	7	4	6	1	2	5	3
2	9	3	1	8	7	4	6	5
8	7	1	6	[5]	4	9	3	2
5	4	6	3	2	9	7	1	8
7	5	8	9	4	6	3	2	1
4	6	9	2	1	3	5	8	7
1	3	2	8	7	5	6	9	4

NO. 1082

3	2	1	4	6	5	8	7	9
5	8	7	9	3	2	1	4	6
6	9	4	7	1	8	2	5	3
9	4	6	1	8	7	5	3	2
2	1	3	6	[5]	4	7	9	8
8	7	5	3	2	9	4	6	1
7	5	8	2	9	3	6	1	4
4	6	9	8	7	1	3	2	5
1	3	2	5	4	6	9	8	7

NO. 1083

9	8	1	5	4	3	7	6	2
4	3	5	6	2	7	8	1	9
2	7	6	1	9	8	3	5	4
3	2	4	8	7	6	1	9	5
7	6	8	9	[5]	1	2	4	3
5	1	9	4	3	2	6	8	7
6	5	7	2	1	9	4	3	8
1	9	2	3	8	4	5	7	6
8	4	3	7	6	5	9	2	1

NO. 1084

2	7	8	5	1	4	6	9	3
1	4	5	9	3	6	7	8	2
3	6	9	8	2	7	4	5	1
4	3	1	7	6	9	8	2	5
6	9	7	2	[5]	8	3	1	4
5	8	2	1	4	3	9	7	6
9	5	6	3	8	2	1	4	7
8	2	3	4	7	1	5	6	9
7	1	4	6	9	5	2	3	8

NO. 1085

1	4	7	8	2	5	6	9	3
5	6	9	3	1	4	7	8	2
2	3	8	9	7	6	4	5	1
3	8	2	7	6	9	5	1	4
4	7	1	2	5	8	9	3	6
6	9	5	1	4	3	8	2	7
9	5	6	4	3	1	2	7	8
8	2	3	6	9	7	1	4	5
7	1	4	5	8	2	3	6	9

NO. 1086

8	3	2	5	9	6	4	1	7
9	6	5	1	7	4	3	2	8
7	4	1	2	8	3	6	5	9
6	7	9	3	4	1	2	8	5
4	1	3	8	5	2	7	9	6
5	2	8	9	6	7	1	3	4
1	5	4	7	2	8	9	6	3
2	8	7	6	3	9	5	4	1
3	9	6	4	1	5	8	7	2

NO. 1087

1	5	2	3	4	6	9	8	7
4	6	3	8	7	9	5	2	1
7	9	8	2	1	5	6	3	4
8	3	9	7	2	1	4	6	5
2	1	7	6	5	4	3	9	8
5	4	6	9	8	3	1	7	2
6	7	4	5	9	8	2	1	3
9	8	5	1	3	2	7	4	6
3	2	1	4	6	7	8	5	9

NO. 1088

3	6	7	5	8	1	9	2	4
8	1	5	2	4	9	6	7	3
4	9	2	7	3	6	1	5	8
1	4	8	6	9	2	7	3	5
9	2	6	3	5	7	4	8	1
5	7	3	8	1	4	2	6	9
2	5	9	4	7	3	8	1	6
7	3	4	1	6	8	5	9	2
6	8	1	9	2	5	3	4	7

NO. 1089

2	5	7	6	9	1	8	3	4
9	1	6	3	4	8	5	7	2
4	8	3	7	2	5	1	6	9
3	6	8	4	7	2	9	1	5
7	2	4	1	5	9	6	8	3
5	9	1	8	3	6	2	4	7
1	4	9	5	8	3	7	2	6
8	3	5	2	6	7	4	9	1
6	7	2	9	1	4	3	5	8

NO. 1090

7	4	3	5	2	9	1	8	6
2	9	5	8	6	1	4	3	7
6	1	8	3	7	4	9	5	2
9	6	2	4	1	8	3	7	5
1	8	4	7	5	3	6	2	9
5	3	7	2	9	6	8	4	1
8	5	1	6	3	7	2	9	4
3	7	6	9	4	2	5	1	8
4	2	9	1	8	5	7	6	3

NO. 1091

8	5	3	4	1	9	2	7	6
1	9	4	7	6	2	5	3	8
6	2	7	3	8	5	9	4	1
7	4	2	6	3	8	1	9	5
3	8	6	9	5	1	4	2	7
5	1	9	2	7	4	8	6	3
9	6	1	5	2	7	3	8	4
2	7	5	8	4	3	6	1	9
4	3	8	1	9	6	7	5	2

NO. 1092

4	9	6	5	7	8	2	3	1
7	8	5	3	1	2	9	6	4
1	2	3	6	4	9	8	5	7
8	1	7	9	2	3	6	4	5
2	3	9	4	5	6	1	7	8
5	6	4	7	8	1	3	9	2
3	5	2	1	6	4	7	8	9
6	4	1	8	9	7	5	2	3
9	7	8	2	3	5	4	1	6

NO. 1093

3	5	6	9	2	8	7	4	1
2	8	9	4	1	7	5	6	3
1	7	4	6	3	5	8	9	2
4	9	7	1	6	3	2	8	5
6	3	1	8	5	2	9	7	4
5	2	8	7	4	9	3	1	6
8	1	2	5	7	4	6	3	9
7	4	5	3	9	6	1	2	8
9	6	3	2	8	1	4	5	7

NO. 1094

1	2	9	5	6	7	3	4	8
6	7	5	4	8	3	2	9	1
8	3	4	9	1	2	7	5	6
7	8	6	2	3	4	9	1	5
3	4	2	1	5	9	8	6	7
5	9	1	6	7	8	4	2	3
4	5	3	8	9	1	6	7	2
9	1	8	7	2	6	5	3	4
2	6	7	3	4	5	1	8	9

NO. 1095

4	5	9	2	3	7	6	1	8
3	7	2	1	8	6	5	9	4
8	6	1	9	4	5	7	2	3
1	2	6	8	9	4	3	7	5
9	4	8	7	5	3	2	6	1
5	3	7	6	1	2	4	8	9
7	8	3	5	6	1	9	4	2
6	1	5	4	2	9	8	3	7
2	9	4	3	7	8	1	5	6

NO. 1096

6	5	1	8	7	3	4	9	2
7	3	8	9	2	4	5	1	6
2	4	9	1	6	5	3	8	7
9	8	4	2	1	6	7	3	5
1	6	2	3	5	7	8	4	9
5	7	3	4	9	8	6	2	1
3	2	7	5	4	9	1	6	8
4	9	5	6	8	1	2	7	3
8	1	6	7	3	2	9	5	4

NO. 1097

4	7	1	8	2	5	3	6	9
9	8	2	1	3	6	5	4	7
6	5	3	7	9	4	2	1	8
5	3	6	9	4	7	1	8	2
7	1	4	2	[5]	8	6	9	3
8	2	9	3	6	1	4	7	5
2	9	8	6	1	3	7	5	4
3	6	5	4	7	9	8	2	1
1	4	7	5	8	2	9	3	6

NO. 1098

7	5	4	1	8	2	3	6	9
8	2	1	6	9	3	5	4	7
9	3	6	4	7	5	2	1	8
6	1	3	9	4	7	8	2	5
4	7	9	2	[5]	8	1	3	6
5	8	2	3	6	1	7	9	4
2	9	8	5	3	6	4	7	1
3	6	5	7	1	4	9	8	2
1	4	7	8	2	9	6	5	3

NO. 1099

9	5	7	8	4	6	1	3	2
3	8	1	2	7	9	4	6	5
6	2	4	5	1	3	7	9	8
4	6	8	3	2	1	5	7	9
7	9	2	6	[5]	4	8	1	3
1	3	5	9	8	7	2	4	6
2	1	3	7	9	5	6	8	4
5	4	6	1	3	8	9	2	7
8	7	9	4	6	2	3	5	1

NO. 1100

2	5	6	7	1	9	8	4	3
4	7	8	3	6	2	1	9	5
9	3	1	5	8	4	6	2	7
1	9	7	4	3	8	5	6	2
6	2	3	9	[5]	1	7	8	4
8	4	5	2	7	6	3	1	9
3	8	4	6	2	5	9	7	1
5	1	9	8	4	7	2	3	6
7	6	2	1	9	3	4	5	8

NO. 1101

1	8	6	4	2	9	7	5	3
3	7	5	8	6	1	2	9	4
9	4	2	5	3	7	6	1	8
5	3	7	6	1	8	9	4	2
4	2	9	7	[5]	3	1	8	6
8	6	1	2	9	4	3	7	5
2	9	4	3	7	5	8	6	1
6	1	8	9	4	2	5	3	7
7	5	3	1	8	6	4	2	9

NO. 1102

8	5	4	3	9	1	2	6	7
6	3	2	7	4	8	9	1	5
1	7	9	5	2	6	4	8	3
9	1	3	6	7	2	5	4	8
4	8	7	1	[5]	9	3	2	6
2	6	5	8	3	4	7	9	1
7	2	6	4	8	5	1	3	9
5	9	1	2	6	3	8	7	4
3	4	8	9	1	7	6	5	2

NO. 1103

1	3	9	5	4	8	2	6	7
8	7	4	3	2	6	9	1	5
6	5	2	7	9	1	4	8	3
4	8	5	6	7	2	3	9	1
2	6	3	1	[5]	9	7	4	8
9	1	7	8	3	4	5	2	6
7	2	6	9	1	3	8	5	4
5	9	1	4	8	7	6	3	2
3	4	8	2	6	5	1	7	9

NO. 1104

3	5	9	6	8	2	7	1	4
1	6	7	4	9	3	8	2	5
2	4	8	5	7	1	9	3	6
8	2	6	1	4	7	5	9	3
9	3	4	2	[5]	8	6	7	1
7	1	5	3	6	9	4	8	2
4	7	1	9	3	5	2	6	8
5	8	2	7	1	6	3	4	9
6	9	3	8	2	4	1	5	7

NO. 1105

2	6	8	5	9	3	7	1	4
3	4	9	6	7	1	8	2	5
1	5	7	4	8	2	9	3	6
9	3	5	1	4	7	6	8	2
7	1	6	2	[5]	8	4	9	3
8	2	4	3	6	9	5	7	1
4	7	1	8	2	6	3	5	9
5	8	2	9	3	4	1	6	7
6	9	3	7	1	5	2	4	8

NO. 1106

7	5	1	4	2	8	3	9	6
9	4	3	6	1	7	2	8	5
8	6	2	5	3	9	1	7	4
2	8	4	9	6	3	5	1	7
1	7	6	8	[5]	2	4	3	9
3	9	5	7	4	1	6	2	8
6	3	9	1	7	5	8	4	2
5	2	8	3	9	4	7	6	1
4	1	7	2	8	6	9	5	3

NO. 1107

8	4	2	5	1	7	3	9	6
7	6	1	4	3	9	2	8	5
9	5	3	6	2	8	1	7	4
1	7	5	9	6	3	4	2	8
3	9	4	8	[5]	2	6	1	7
2	8	6	7	4	1	5	3	9
6	3	9	2	8	4	7	5	1
5	2	8	1	7	6	9	4	3
4	1	7	3	9	5	8	6	2

NO. 1108

4	5	2	9	7	3	6	8	1
8	9	6	1	2	4	7	3	5
3	1	7	5	6	8	2	4	9
7	3	9	8	1	6	5	2	4
2	4	1	3	[5]	7	9	6	8
6	8	5	4	9	2	1	7	3
1	6	8	2	4	5	3	9	7
5	7	3	6	8	9	4	1	2
9	2	4	7	3	1	8	5	6

NO. 1109

3	9	7	5	2	4	6	8	1
4	1	2	9	6	8	7	3	5
8	5	6	1	7	3	2	4	9
2	4	5	8	1	6	9	7	3
6	8	9	3	5	7	1	2	4
7	3	1	4	9	2	5	6	8
1	6	8	7	3	9	4	5	2
5	7	3	2	4	1	8	9	6
9	2	4	6	8	5	3	1	7

NO. 1110

1	5	3	2	6	4	9	7	8
7	2	9	8	3	1	6	4	5
4	8	6	5	9	7	3	1	2
6	4	2	7	8	9	5	3	1
3	1	8	4	5	6	2	9	7
9	7	5	1	2	3	8	6	4
8	9	7	3	1	5	4	2	6
5	6	4	9	7	2	1	8	3
2	3	1	6	4	8	7	5	9

NO. 1111

4	3	8	5	7	6	9	2	1
1	9	5	2	4	3	6	8	7
7	6	2	8	1	9	3	5	4
2	1	9	3	8	4	7	6	5
8	7	6	9	5	1	4	3	2
5	4	3	6	2	7	1	9	8
6	5	7	1	9	2	8	4	3
3	2	4	7	6	8	5	1	9
9	8	1	4	3	5	2	7	6

NO. 1112

6	8	4	5	7	9	1	3	2
9	2	7	8	1	3	4	6	5
3	5	1	2	4	6	7	9	8
7	9	5	3	2	1	8	4	6
1	3	8	6	5	4	2	7	9
4	6	2	9	8	7	5	1	3
2	1	3	4	6	8	9	5	7
5	4	6	7	9	2	3	8	1
8	7	9	1	3	5	6	2	4

NO. 1113

6	5	8	1	3	7	4	2	9
2	1	4	9	8	6	3	7	5
7	9	3	5	4	2	8	6	1
3	7	1	2	9	4	5	8	6
8	6	9	7	5	3	1	4	2
4	2	5	6	1	8	9	3	7
9	4	2	8	6	5	7	1	3
5	3	7	4	2	1	6	9	8
1	8	6	3	7	9	2	5	4

NO. 1114

3	4	8	9	1	5	7	2	6
2	6	7	4	8	3	5	9	1
1	5	9	6	7	2	8	3	4
5	9	1	2	6	7	4	8	3
8	3	4	1	5	9	6	7	2
7	2	6	3	4	8	9	1	5
6	7	2	8	3	4	1	5	9
9	1	5	7	2	6	3	4	8
4	8	3	5	9	1	2	6	7

NO. 1115

9	4	2	8	3	7	1	5	6
3	7	5	2	6	1	4	8	9
6	1	8	5	9	4	7	2	3
5	6	1	4	2	9	3	7	8
8	9	4	7	5	3	6	1	2
2	3	7	1	8	6	9	4	5
7	8	3	6	1	5	2	9	4
1	2	6	9	4	8	5	3	7
4	5	9	3	7	2	8	6	1

NO. 1116

2	1	3	7	4	6	8	5	9
4	6	5	3	9	8	1	7	2
9	8	7	5	2	1	6	3	4
5	9	8	1	3	2	4	6	7
7	2	1	6	5	4	9	8	3
3	4	6	8	7	9	2	1	5
6	7	4	9	8	5	3	2	1
8	3	9	2	1	7	5	4	6
1	5	2	4	6	3	7	9	8

NO. 1117

1	5	2	4	6	3	7	9	8
3	4	6	8	7	9	2	1	5
9	8	7	5	2	1	6	3	4
8	3	9	2	1	7	5	4	6
7	2	1	6	5	4	9	8	3
4	6	5	3	9	8	1	7	2
6	7	4	9	8	5	3	2	1
5	9	8	1	3	2	4	6	7
2	1	3	7	4	6	8	5	9

NO. 1118

8	9	7	3	6	4	2	5	1
6	4	5	7	1	2	9	3	8
1	2	3	5	8	9	4	7	6
5	1	2	9	7	8	6	4	3
3	8	9	4	5	6	1	2	7
7	6	4	2	3	1	8	9	5
4	3	6	1	2	5	7	8	9
2	7	1	8	9	3	5	6	4
9	5	8	6	4	7	3	1	2

NO. 1119

1	4	7	5	6	9	2	3	8
8	2	5	3	1	4	9	7	6
6	9	3	7	8	2	4	5	1
3	8	2	4	7	1	6	9	5
7	6	9	2	5	8	1	4	3
5	1	4	9	3	6	8	2	7
9	5	6	8	2	3	7	1	4
4	3	1	6	9	7	5	8	2
2	7	8	1	4	5	3	6	9

NO. 1120

3	8	4	6	1	9	7	5	2
1	9	5	4	2	7	8	6	3
2	7	6	5	3	8	9	4	1
5	2	7	8	4	3	1	9	6
6	3	8	9	5	1	2	7	4
4	1	9	7	6	2	3	8	5
9	6	1	2	7	5	4	3	8
7	4	2	3	8	6	5	1	9
8	5	3	1	9	4	6	2	7

NO. 1121

3	1	2	8	9	7	4	5	6
5	6	4	2	3	1	7	8	9
9	7	8	6	4	5	1	2	3
6	4	5	1	2	3	9	7	8
8	9	7	4	5	6	3	1	2
2	3	1	7	8	9	5	6	4
7	8	9	5	6	4	2	3	1
1	2	3	9	7	8	6	4	5
4	5	6	3	1	2	8	9	7

NO. 1122

8	7	9	1	3	2	6	5	4
4	6	5	7	9	8	3	2	1
2	1	3	5	4	6	9	8	7
5	4	6	9	8	7	2	1	3
1	3	2	6	5	4	8	7	9
7	9	8	3	2	1	4	6	5
3	2	1	4	6	5	7	9	8
9	8	7	2	1	3	5	4	6
6	5	4	8	7	9	1	3	2

NO. 1123

7	9	8	2	1	3	6	5	4
5	4	6	8	7	9	3	2	1
1	3	2	4	6	5	9	8	7
4	6	5	9	8	7	1	3	2
2	1	3	6	5	4	7	9	8
8	7	9	3	2	1	5	4	6
3	2	1	5	4	6	8	7	9
9	8	7	1	3	2	4	6	5
6	5	4	7	9	8	2	1	3

NO. 1124

9	2	4	6	8	1	3	5	7
7	3	5	2	4	9	8	1	6
1	6	8	5	7	3	4	9	2
5	7	3	4	9	2	1	6	8
6	8	1	3	5	7	9	2	4
2	4	9	8	1	6	7	3	5
8	1	6	7	3	5	2	4	9
4	9	2	1	6	8	5	7	3
3	5	7	9	2	4	6	8	1

NO. 1125

2	4	9	1	6	8	3	5	7
5	7	3	9	2	4	8	1	6
6	8	1	7	3	5	4	9	2
7	3	5	4	9	2	6	8	1
1	6	8	3	5	7	2	4	9
9	2	4	8	1	6	5	7	3
8	1	6	5	7	3	9	2	4
4	9	2	6	8	1	7	3	5
3	5	7	2	4	9	1	6	8

NO. 1126

9	7	1	5	6	2	8	4	3
2	3	6	7	8	4	1	9	5
4	5	8	3	1	9	6	2	7
6	2	5	4	3	8	7	1	9
8	4	7	9	5	1	3	6	2
1	9	3	2	7	6	5	8	4
3	8	4	1	9	7	2	5	6
5	1	9	6	2	3	4	7	8
7	6	2	8	4	5	9	3	1

NO. 1127

8	6	1	9	4	2	7	5	3
5	3	7	1	8	6	2	9	4
4	2	9	3	7	5	6	1	8
3	7	5	6	1	8	4	2	9
9	4	2	7	5	3	8	6	1
1	8	6	2	9	4	5	3	7
2	9	4	5	3	7	1	8	6
6	1	8	4	2	9	3	7	5
7	5	3	8	6	1	9	4	2

NO. 1128

1	7	4	6	3	9	8	5	2
5	2	8	4	1	7	9	6	3
3	9	6	2	8	5	7	4	1
2	8	5	7	4	1	3	9	6
6	3	9	8	5	2	1	7	4
4	1	7	9	6	3	5	2	8
9	6	3	5	2	8	4	1	7
7	4	1	3	9	6	2	8	5
8	5	2	1	7	4	6	3	9

NO. 1129

7	1	3	5	8	6	4	2	9
6	9	8	1	4	2	3	7	5
2	5	4	9	3	7	8	6	1
8	6	5	2	9	4	1	3	7
4	2	1	7	5	3	9	8	6
3	7	9	6	1	8	5	4	2
9	4	2	3	7	1	6	5	8
5	3	7	8	6	9	2	1	4
1	8	6	4	2	5	7	9	3

NO. 1130

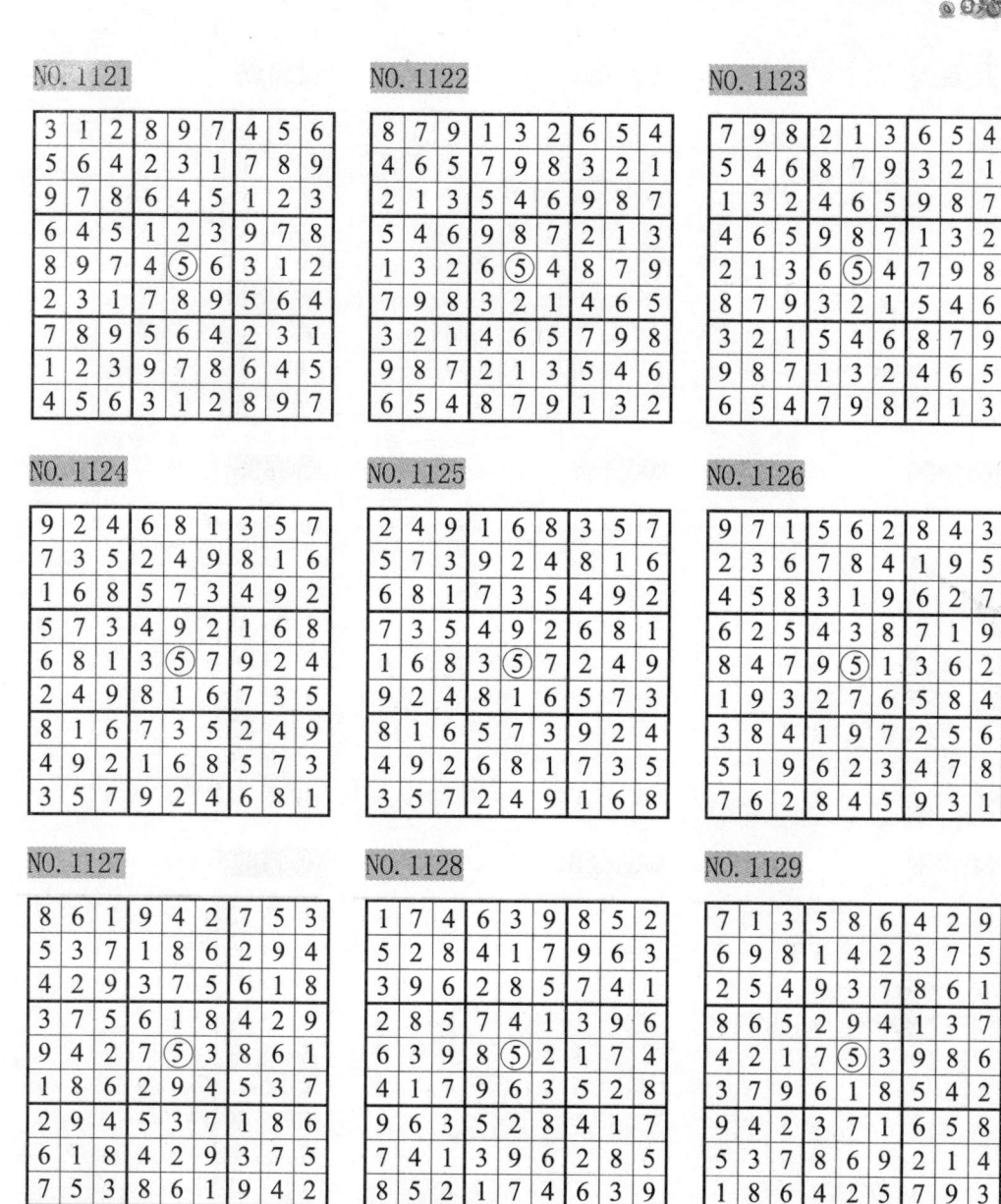

4	9	6	7	8	5	1	2	3
5	7	8	3	1	2	6	4	9
2	3	1	9	6	4	8	5	7
8	1	7	2	3	9	5	6	4
9	2	3	4	5	6	7	8	1
6	4	5	1	7	8	3	9	2
3	5	2	6	4	1	9	7	8
1	6	4	8	9	7	2	3	5
7	8	9	5	2	3	4	1	6

NO. 1131

2	3	4	8	5	6	9	7	1
4	6	9	5	3	7	1	8	2
5	7	6	1	8	2	4	9	3
1	8	7	9	2	3	5	4	6
3	9	5	4	6	1	8	2	7
7	2	8	3	1	9	6	5	4
8	5	1	6	7	4	2	3	9
9	1	2	7	4	5	3	6	8
6	4	3	2	9	8	7	1	5

NO. 1132

2	5	9	3	4	1	6	8	7
6	7	8	9	1	5	4	3	2
5	8	1	4	3	7	2	9	6
4	9	7	2	5	6	8	1	3
1	6	3	7	9	2	5	4	8
3	2	5	8	7	4	9	6	1
9	4	2	1	6	8	3	7	5
7	3	6	5	8	9	1	2	4
8	1	4	6	2	3	7	5	9

NO. 1133

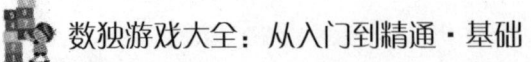

7	3	9	1	2	4	5	6	8
1	8	5	7	6	9	4	3	2
2	5	4	6	9	8	3	7	1
6	7	8	2	3	5	1	4	9
9	4	1	3	8	6	7	2	5
8	6	7	5	4	2	9	1	3
5	2	6	4	1	3	8	9	7
4	1	3	9	5	7	2	8	6
3	9	2	8	7	1	6	5	4

NO. 1134

5	1	3	8	7	2	9	6	4
9	7	6	5	4	1	2	8	3
1	3	8	4	2	6	7	9	5
6	2	5	9	3	4	1	7	8
4	9	1	7	5	3	8	2	6
8	6	4	2	1	7	3	5	9
2	5	7	3	8	9	6	4	1
7	8	9	1	6	5	4	3	2
3	4	2	6	9	8	5	1	7

NO. 1135

3	8	1	6	5	9	7	4	2
7	5	4	3	2	8	9	6	1
8	1	6	2	9	4	5	7	3
4	9	3	7	1	2	8	5	6
2	7	8	5	3	1	6	9	4
6	4	2	9	8	5	1	3	7
9	3	5	1	6	7	4	2	8
5	6	7	8	4	3	2	1	9
1	2	9	4	7	6	3	8	5

NO. 1136

7	8	9	3	4	1	6	5	2
4	5	6	1	8	2	9	3	7
6	7	1	2	5	3	8	9	4
3	4	8	9	7	6	1	2	5
2	9	5	7	3	4	1	6	8
5	2	7	6	1	9	3	4	8
1	6	3	4	2	5	7	8	9
9	3	4	5	6	8	2	7	1
8	1	2	7	9	4	5	6	3

NO. 1137

8	4	1	2	3	5	6	7	9
2	9	6	8	7	1	5	4	3
3	6	5	7	1	9	4	8	2
7	8	9	3	4	6	2	5	1
1	5	2	9	6	7	8	3	6
9	7	8	6	5	3	1	2	4
6	3	7	5	2	4	9	1	8
5	2	4	1	6	8	3	9	7
4	1	3	9	8	2	7	6	5

NO. 1138

6	2	4	9	8	3	1	7	5
1	8	7	6	5	2	3	9	4
2	4	9	5	3	7	8	1	6
7	3	6	1	4	5	2	8	9
5	1	2	8	6	4	9	3	7
9	7	5	3	2	8	4	6	1
3	6	8	4	9	1	7	5	2
8	9	1	2	7	6	5	4	3
4	5	3	7	1	9	6	2	8

NO. 1139

3	4	5	9	6	7	1	8	2
5	7	1	6	4	8	2	9	3
6	8	7	2	9	3	5	1	4
2	9	8	1	3	4	6	5	7
4	1	6	5	7	2	9	3	8
8	3	9	4	2	1	7	6	5
9	6	2	7	8	5	3	4	1
1	2	3	8	5	6	4	7	9
7	5	4	3	1	9	8	2	6

NO. 1140

3	6	1	4	5	2	7	9	8
7	8	9	1	2	6	5	4	3
6	9	2	5	4	8	3	1	7
5	1	8	3	6	7	9	2	4
2	7	4	8	1	3	6	5	9
4	3	6	9	8	5	1	7	2
1	5	3	2	7	9	4	8	6
8	4	7	6	9	1	2	3	5
9	2	5	7	3	4	8	6	1

NO. 1141

5	7	1	3	9	8	2	4	6
4	8	6	5	1	2	7	3	9
2	9	3	6	4	7	1	8	5
3	5	9	2	6	4	8	1	7
8	4	2	1	7	5	9	6	3
1	6	7	8	3	9	5	2	4
7	1	5	4	8	6	3	9	2
6	2	8	9	5	3	4	7	1
9	3	4	7	2	1	6	5	8

NO. 1142

1	6	3	4	5	7	8	9	2
4	2	8	1	9	3	7	6	5
5	8	7	9	3	2	6	1	4
9	1	2	5	6	8	4	7	3
3	7	4	6	2	9	1	5	8
2	9	1	8	7	4	5	3	6
8	5	9	7	4	6	2	3	1
7	4	6	3	8	1	5	2	9
6	3	5	2	1	4	9	8	7

NO. 1143

3	6	5	4	9	7	2	1	8
1	7	2	8	6	5	4	3	9
9	8	4	7	5	2	4	3	6	1
8	4	3	9	1	6	7	2	5
6	1	4	7	3	8	5	9	2
5	2	1	6	7	9	3	8	4
4	9	8	3	5	2	1	7	6
7	3	9	2	8	1	6	5	4
2	5	6	1	4	3	9	8	7

NO. 1144

1	4	9	2	7	8	6	5	3
8	7	3	5	1	6	4	2	9
6	2	5	3	4	9	7	8	1
3	6	2	8	9	4	1	7	5
4	5	8	1	2	7	3	9	6
7	9	1	6	5	3	8	4	2
5	1	7	4	6	2	9	3	8
2	3	4	9	8	1	5	6	7
9	8	6	7	3	5	2	1	4

NO. 1145

1	4	3	2	7	5	9	8	6
8	5	9	6	4	3	2	1	7
7	6	5	3	9	2	1	4	8
6	2	1	7	8	4	5	9	3
4	8	2	5	1	6	3	7	9
3	9	8	4	5	7	6	2	1
2	7	6	1	3	9	8	5	4
5	1	7	9	6	8	4	3	2
9	3	4	8	2	1	7	6	5

NO. 1146

1	4	8	2	3	9	5	7	6
5	6	7	8	9	4	3	2	1
4	7	9	3	2	6	1	8	5
3	8	6	1	4	5	7	9	2
9	5	2	6	8	1	4	3	7
2	1	4	7	6	3	8	5	9
8	3	1	9	5	7	2	6	4
6	2	5	4	7	8	9	1	3
7	9	3	5	1	2	6	4	8

NO. 1147

7	3	9	1	2	4	5	6	8
1	8	5	7	6	9	4	3	2
2	5	4	6	9	8	3	7	1
6	7	8	2	3	5	1	4	9
9	4	1	3	8	6	7	2	5
8	6	7	5	4	2	9	1	3
5	2	6	4	1	3	8	9	7
4	1	3	9	5	7	2	8	6
3	9	2	8	7	1	6	5	4

NO. 1148

8	2	6	9	1	7	3	5	4
3	4	5	6	7	2	1	9	8
2	5	7	1	9	4	8	6	3
1	6	4	8	2	3	5	7	9
7	3	9	4	6	8	2	1	5
9	8	2	5	4	1	6	3	7
6	1	8	7	3	5	9	4	2
4	9	3	2	5	6	7	8	1
5	7	1	3	8	9	4	2	6

NO. 1149

4	7	6	5	1	8	3	2	9
2	8	3	9	7	6	5	4	1
1	9	8	6	3	5	4	7	2
9	5	4	1	2	7	8	3	6
7	2	5	8	4	9	1	6	3
6	3	2	7	8	1	9	5	4
5	1	9	4	6	3	2	8	7
8	4	1	3	9	2	7	6	5
3	6	7	2	5	4	1	9	8

NO. 1150

2	5	1	3	8	9	7	6	4
9	8	4	6	2	7	5	3	1
7	3	6	4	5	1	8	9	2
4	7	3	9	1	5	2	8	6
5	6	9	2	3	8	4	1	7
8	1	2	7	6	4	9	5	3
6	2	8	5	7	3	1	4	9
3	4	5	1	9	2	6	7	8
1	9	7	8	4	6	3	2	5

NO. 1151

2	5	9	3	4	1	6	8	7
6	7	8	9	1	5	4	3	2
5	8	1	4	3	7	2	9	6
4	9	7	2	5	6	8	1	3
1	6	3	7	9	2	5	4	8
3	2	5	8	7	4	9	6	1
9	4	2	1	6	8	3	7	5
7	3	6	5	8	9	1	2	4
8	1	4	6	2	3	7	5	9

NO. 1152

9	3	7	1	2	8	4	6	5
4	5	6	7	8	3	2	1	9
3	6	8	2	1	5	9	7	4
2	7	5	9	3	4	6	8	1
8	4	1	5	7	9	3	2	6
1	9	3	6	5	2	7	4	8
7	2	9	8	4	6	1	5	3
5	1	4	3	6	7	8	9	2
6	8	2	4	9	1	5	3	7

NO. 1153

5	4	9	2	7	3	1	8	6
7	1	6	8	4	5	3	2	9
3	8	2	9	1	6	4	5	7
9	3	8	5	6	1	7	4	2
1	2	5	7	8	4	9	6	3
4	6	7	3	2	9	5	1	8
2	7	4	1	3	8	6	9	5
8	9	1	6	5	7	2	3	4
6	5	3	4	9	2	8	7	1

NO. 1154

2	7	4	5	6	8	9	1	3
5	3	9	2	1	4	8	7	6
6	9	8	1	4	3	7	2	5
1	2	3	6	7	9	5	8	4
4	8	5	7	3	1	2	6	9
3	1	2	9	8	6	4	5	7
9	6	1	8	2	5	7	3	4
8	5	7	4	9	2	6	3	1
7	4	6	3	2	5	1	9	8

NO. 1155

2	4	7	9	6	5	8	1	3
1	5	3	2	7	8	4	9	6
8	6	9	3	1	4	7	5	2
9	2	6	8	3	1	5	7	4
5	1	8	7	4	2	6	3	9
7	3	4	5	9	6	2	8	1
4	7	2	1	5	9	3	6	8
3	8	5	6	2	9	1	4	7
6	9	1	4	8	7	3	2	5

NO. 1156

7	2	6	3	8	1	5	4	9
8	3	9	1	4	6	7	2	5
6	4	2	8	5	9	3	1	7
1	5	7	6	2	4	8	9	3
4	1	3	5	9	7	6	8	2
3	9	8	4	7	2	1	5	6
9	8	1	7	3	5	2	6	4
5	7	8	9	6	2	4	3	1
2	6	5	4	1	3	9	7	8

NO. 1157

5	6	7	2	8	9	3	1	4
7	9	3	8	6	1	4	2	5
8	1	9	4	2	5	7	3	6
4	2	1	3	5	6	8	4	9
6	3	8	7	9	4	2	5	1
1	5	2	6	4	3	9	8	7
2	8	4	9	1	7	5	6	3
3	4	5	1	7	8	6	9	2
9	7	6	5	3	2	1	4	8

NO. 1158

5	9	4	1	6	8	3	2	7
6	1	7	8	2	4	5	9	3
4	2	9	6	3	7	1	8	5
8	3	5	4	9	2	6	7	1
2	8	1	3	7	5	4	6	9
1	7	2	9	5	6	8	3	4
7	6	8	5	1	3	9	4	2
3	5	6	7	4	9	2	1	8
9	4	3	2	8	1	7	5	6

NO. 1159

3	4	5	9	6	7	1	8	2
5	7	1	6	4	8	2	9	3
6	8	7	2	9	3	5	1	4
2	9	8	1	3	4	6	5	7
4	1	6	5	7	2	9	3	8
8	3	9	4	2	1	7	6	5
9	6	2	7	8	5	3	4	1
1	2	3	8	5	6	4	7	9
7	5	4	3	1	9	8	2	6

NO. 1160

5	9	4	1	6	8	3	2	7
6	1	7	8	2	4	5	9	3
4	2	9	6	3	7	1	8	5
8	3	5	4	9	2	6	7	1
2	8	1	3	7	5	4	6	9
1	7	2	9	5	6	8	3	4
7	6	8	5	1	3	9	4	2
3	5	6	7	4	9	2	1	8
9	4	3	2	8	1	7	5	6

NO. 1161

8	3	7	4	9	2	6	5	1
9	4	1	2	5	7	8	3	6
7	5	3	9	6	1	4	2	8
2	6	8	7	3	5	9	1	4
5	2	4	6	1	8	7	9	3
4	1	5	3	8	9	2	6	7
1	9	2	8	4	6	3	7	5
6	8	9	1	7	3	5	4	2
3	7	6	5	2	4	1	8	9

NO. 1162

6	1	5	2	7	9	4	3	8
7	2	8	9	3	5	6	1	4
5	3	1	7	4	8	2	9	6
9	4	6	5	1	3	7	8	2
3	9	2	4	8	6	5	7	1
2	8	3	1	6	7	9	4	5
8	7	9	6	2	4	1	5	3
4	6	7	8	5	1	3	2	9
1	5	4	3	9	2	8	6	7

NO. 1163

3	8	1	9	5	6	2	4	7
2	9	5	7	4	3	6	1	8
4	6	7	1	8	2	5	9	3
9	7	4	6	1	8	3	2	5
8	3	6	5	2	9	4	7	1
1	5	2	3	7	4	9	8	6
5	2	9	8	3	1	7	6	4
7	4	8	2	6	5	1	3	9
6	1	3	4	9	7	8	5	2

NO. 1164

3	8	5	6	7	9	1	2	4
6	4	1	3	2	5	9	8	7
7	1	9	2	5	4	8	3	6
2	3	4	7	8	1	6	9	5
5	9	6	8	4	2	3	7	1
4	2	3	1	9	7	5	6	8
1	7	2	9	6	8	4	5	3
9	6	8	5	1	3	7	4	2
8	5	7	4	3	6	2	1	9

NO. 1165

4	5	6	1	7	8	2	9	3
6	8	2	7	5	9	3	1	4
7	9	8	3	1	4	6	2	5
3	1	9	2	4	5	7	6	8
5	2	7	8	6	3	1	4	9
9	4	1	5	3	2	8	7	6
1	7	3	8	9	6	4	5	2
2	3	4	9	6	7	5	8	1
8	6	5	4	2	1	9	3	7

NO. 1166

8	2	6	9	1	7	3	5	4
3	4	5	6	2	1	9	7	8
2	5	7	1	9	4	8	6	3
1	6	4	8	2	3	5	7	9
7	3	9	4	6	8	2	1	5
9	8	2	7	5	3	4	1	7
6	1	8	7	3	5	9	4	2
4	9	3	2	5	6	7	8	1
5	7	1	3	8	9	4	2	6

NO. 1167

5	1	7	8	9	2	3	4	6
8	6	3	5	4	7	2	1	9
9	3	2	4	7	6	1	5	8
4	5	6	9	1	3	8	2	7
7	2	8	1	6	4	5	9	3
6	4	5	3	2	9	7	8	1
3	9	4	2	8	1	6	7	5
2	8	1	7	3	5	9	6	4
1	7	9	6	5	8	4	3	2

NO. 1168

4	9	2	7	6	1	8	5	3
8	6	5	4	3	9	1	7	2
9	2	7	3	1	5	6	8	4
5	1	4	8	2	3	9	6	7
3	8	9	6	4	2	7	1	5
7	5	3	1	9	6	2	4	8
1	4	6	2	7	8	3	9	5
6	7	8	9	5	4	3	2	1
2	3	1	5	8	7	4	9	6

NO.629 ~ NO.1190 参考答案

NO. 1169

5	2	3	7	8	4	1	9	6
7	4	1	9	2	6	5	8	3
8	6	9	3	5	1	2	7	4
1	8	2	6	9	5	4	3	7
9	3	6	2	4	7	8	1	5
4	7	5	1	3	8	6	2	9
2	5	7	4	1	3	9	6	8
6	9	4	8	7	2	3	5	1
3	1	8	5	6	9	7	4	2

NO. 1170

8	9	1	4	5	2	7	6	3
5	6	7	2	9	3	1	4	8
7	8	2	3	6	4	9	1	5
4	5	9	1	8	7	2	3	6
3	1	6	9	4	8	5	2	7
6	3	8	7	2	1	4	5	9
2	7	4	5	3	6	8	9	1
1	4	5	6	7	9	3	8	2
9	2	3	8	1	5	6	7	4

NO. 1171

2	7	9	5	4	8	6	3	1
6	4	3	2	1	7	8	5	9
7	9	5	1	8	3	4	6	2
3	8	2	6	9	1	7	4	5
1	6	7	4	2	9	5	8	3
5	3	1	8	7	4	9	2	6
8	2	4	9	5	6	3	1	7
4	5	6	7	3	2	1	9	8
9	1	8	3	6	5	2	7	4

NO. 1172

6	7	8	2	3	9	5	4	1
3	4	5	9	7	1	8	2	6
5	6	9	1	4	2	7	8	3
2	3	7	8	6	5	9	1	4
1	8	4	7	2	6	3	9	5
4	1	6	5	9	8	2	3	7
9	5	2	3	1	4	6	7	8
8	2	3	4	5	7	1	6	9
7	9	1	6	8	3	4	5	2

NO. 1173

6	7	8	3	9	1	4	2	5
8	1	4	9	7	2	5	3	6
9	2	1	5	3	6	8	4	7
5	3	2	4	6	7	9	8	1
7	4	9	8	1	5	6	3	2
2	6	3	7	5	4	1	9	8
3	9	5	1	2	8	6	7	4
4	5	6	2	8	9	7	1	3
1	8	7	6	4	3	2	5	9

NO. 1174

5	6	4	9	7	8	3	2	1
9	3	1	4	2	6	5	7	8
2	7	8	1	5	3	6	9	4
3	1	7	2	4	5	9	8	6
8	5	2	6	1	9	7	4	3
6	4	9	3	8	7	1	5	2
7	9	6	8	3	2	4	1	5
4	2	5	7	6	1	8	3	9
1	8	3	5	9	4	2	6	7

NO. 1175

6	2	8	9	1	3	4	5	7
9	7	4	6	5	8	3	2	1
1	4	3	5	8	7	2	6	9
5	6	7	1	2	4	9	3	8
8	3	9	2	7	5	6	1	4
7	5	6	4	3	1	8	9	2
4	1	5	3	9	2	7	8	6
3	9	2	8	4	6	1	7	5
2	8	1	7	6	9	5	4	3

NO. 1176

5	1	3	8	7	2	9	6	4
9	7	6	5	4	1	2	8	3
1	3	8	4	2	6	7	9	5
6	2	5	9	3	4	1	7	8
4	9	1	7	5	3	8	2	6
8	6	4	2	1	7	3	5	9
2	5	7	3	8	9	6	4	1
7	8	9	1	6	5	4	3	2
3	4	2	6	9	8	5	1	7

NO. 1177

6	3	4	8	9	5	2	1	7
8	5	2	1	3	7	6	9	4
9	7	1	4	6	2	3	8	5
2	9	3	7	1	6	5	4	8
1	4	7	3	5	8	9	2	6
5	8	6	2	4	9	7	3	1
3	6	8	5	2	4	1	7	9
7	1	5	9	8	3	4	6	2
4	2	9	6	7	1	8	5	3

NO. 1178

9	1	2	5	6	3	8	7	4
6	7	8	3	1	4	2	5	9
8	9	3	4	7	5	1	2	6
5	6	1	2	9	8	3	4	7
4	2	7	1	5	9	6	3	8
7	4	9	8	3	2	5	6	1
3	8	5	6	4	7	9	1	2
2	5	6	7	8	1	4	9	3
1	3	4	9	2	6	7	8	5

NO. 1179

2	5	3	6	4	8	7	1	9
7	8	6	2	9	1	5	3	4
4	9	1	3	7	5	8	6	2
5	3	9	4	6	7	2	8	1
1	7	4	8	3	2	9	5	6
8	6	2	5	1	9	3	4	7
9	2	8	1	5	4	6	7	3
6	4	7	9	8	3	1	2	5
3	1	5	7	2	6	4	9	8

NO. 1180

9	5	2	3	4	6	7	8	1
3	1	7	9	8	2	6	5	4
4	7	6	8	2	1	5	9	3
8	9	1	4	5	7	3	6	2
2	6	3	5	1	8	9	4	7
1	8	9	7	6	3	4	2	5
7	4	8	6	3	5	1	2	9
6	3	5	2	7	9	4	1	8
5	2	4	1	9	3	8	7	6

165

NO. 1181

1	2	3	7	4	5	8	6	9
3	5	8	4	2	6	9	7	1
4	6	5	9	7	1	3	8	2
9	7	6	8	1	2	4	3	5
2	8	4	3	5	9	7	1	6
6	1	7	2	9	8	5	4	3
7	4	9	5	6	3	1	2	8
8	9	1	6	3	4	2	5	7
5	3	2	1	8	7	6	9	4

NO. 1182

5	8	3	6	7	4	9	2	1
9	1	2	3	4	8	7	6	5
8	2	4	7	6	1	5	3	9
7	3	1	5	8	9	2	4	6
4	9	6	1	3	5	8	7	2
6	5	8	2	1	7	3	9	4
3	7	5	4	9	2	6	1	8
1	6	9	8	2	3	4	5	7
2	4	7	9	5	6	1	8	3

NO. 1183

6	2	8	9	1	3	4	5	7
9	7	4	6	5	8	3	2	1
1	4	3	5	8	7	2	6	9
5	6	7	1	2	4	9	3	8
8	3	9	2	7	5	6	1	4
7	5	6	4	3	1	8	9	2
4	1	5	3	9	2	7	8	6
3	9	2	8	4	6	1	7	5
2	8	1	7	6	9	5	4	3

NO. 1184

5	1	3	8	7	2	9	6	4
9	7	6	5	4	1	2	8	3
1	3	8	4	2	6	7	9	5
6	2	5	9	3	4	1	7	8
4	9	1	2	5	7	3	8	2
8	6	4	2	1	7	3	5	9
2	5	7	3	8	9	6	4	1
7	8	9	1	6	5	4	3	2
3	4	2	6	9	8	5	1	7

NO. 1185

1	6	3	4	5	7	8	9	2
4	2	8	1	9	3	7	6	5
5	8	7	9	3	2	6	1	4
9	1	2	5	6	8	4	7	3
3	7	6	2	4	9	1	5	8
2	9	1	8	7	5	3	4	6
8	5	9	7	4	6	2	3	1
7	4	6	3	8	1	5	2	9
6	3	5	2	1	4	9	8	7

NO. 1186

6	9	4	7	8	5	1	3	2
1	2	3	4	5	9	8	7	6
9	3	5	8	7	2	6	4	1
8	4	2	6	9	1	3	5	7
5	1	7	2	4	6	9	8	3
7	6	9	3	2	8	4	1	5
4	8	6	5	1	3	7	2	9
2	7	1	9	3	4	5	6	8
3	5	8	1	6	7	2	9	4

NO. 1187

7	3	9	1	2	4	5	6	8
1	8	5	7	6	9	4	3	2
2	5	4	6	9	8	3	7	1
6	7	8	2	3	5	1	4	9
9	4	1	3	8	6	7	2	5
8	6	7	5	4	2	9	1	3
5	2	6	4	1	3	8	9	7
4	1	3	9	5	7	2	8	6
3	9	2	8	7	1	6	5	4

NO. 1188

6	2	4	9	8	3	1	7	5
1	8	7	6	5	2	3	9	4
2	4	9	5	3	7	8	1	6
7	3	6	1	4	5	2	8	9
5	1	2	8	6	4	9	3	7
9	7	5	3	2	8	4	6	1
3	6	8	4	9	1	7	5	2
8	9	1	2	7	6	5	4	3
4	5	3	7	1	9	6	2	8

NO. 1189

7	8	9	4	1	2	5	3	6
9	2	5	1	8	3	6	4	7
1	3	2	6	4	7	9	5	8
6	4	3	5	7	8	1	9	2
8	5	1	9	2	6	4	7	3
3	7	4	8	6	5	2	1	9
4	1	6	2	3	9	7	8	5
5	6	7	3	9	1	8	2	4
2	9	8	7	5	4	3	6	1

NO. 1190

9	3	6	5	7	2	1	4	8
7	1	8	3	4	9	6	5	2
2	4	5	8	1	6	7	3	9
4	6	7	2	5	1	9	8	3
8	5	2	7	9	3	4	6	1
3	9	1	6	8	4	2	7	5
1	7	3	9	6	8	5	2	4
5	2	9	4	3	7	8	1	6
6	8	4	1	2	5	3	9	7